KB054685

피고인에게 술을 먹여라

피고인에게 술을 먹여라

서태영 지음

모멘토

추운 겨울 새벽

먼 길 홀로 가신 어머님(故 金春坤 님)께

이 책을 바칩니다.

이 책은 본격적인 회고록이 아니다. 법이나 재판에 관한
연구서도 아니다.

나는 21년여의 판사 생활을 거쳐 9년째 변호사로 일하는
그다지 이름이 알려지지 않은 사람이다. 그러나 대법원장에
대한 탄핵소추 발의라는 사법사의 희귀한 사태에 관계된 적
이 있었고, 그 일은 당시 사회적 관심을 많이 끌었기에 뒤늦
게나마 그 이면을 밝혀 두는 것도 무가치하지는 않으리라 생
각해 글을 시작했다. 쓰다 보니 법조인이 되기까지 삶의 과
정과 오랜 법조 생활을 하면서 겪고 느낀 일들까지 이야기하
게 되었다.

글들의 일부는 사법사의 작은 자료가 될 수도 있겠고, 법
을 처음으로 공부하거나 법과 재판에 관심을 가진 시민들에

게 가벼운 안내서 역할을 할 수도 있을지 모른다. 내가 판사와 변호사로서 살아온 시대의 초상에 몇 개의 점과 획을 더하는 효과까지 있다면 더 바랄 나위가 없겠다.

글의 성격상 법조계의 잘못된 측면이 도드라지기도 하지만, 아직도 진행 중인 사법 개혁에 한 줌의 거름이라도 될까 해서 팔을 안으로 굽히지 않았다. 맹세하거니와 이 책을 내게 된 동기에 허영심이 있었던 것만큼이나 사법부에 대한 사랑이 있었다.

차 례

1부
법 앞에서 법 뒤에서

진실로 너희에게 이르노니

우리의 전래되는 우스개에 이런 것이 있다.

얼굴이 불콰한 스님에게 누가 물었다.
스님 술 드셨습니까?
스님 답하기를
고기를 좀 먹다 보니 한잔 했지.
아니 스님이 고기를 다 드십니까?
처가에서 보내 주어서 먹었지.

형사사건을 수임하여 수사기록에 나타난 피고인의 진술을
검토하다 보면 범행을 부인하거나 변명하는 피고인의 말들
이 사리에 맞지 않는 것을 자주 보게 된다.
　그런데 거짓말은 거짓말을 낳게 되더라고, 한번 거짓말을
시작하면 이를 토대로 진행되는 다음 얘기도 거짓말이 되기

십상이다. 또한 거짓말은 순간적으로 곤경을 모면하기 위하여 꾸며대는 이야기라서 앞뒤가 치밀하게 맞지 않는 경우가 많으며, 내용도 자주 바뀐다. 진실은 기억하기 쉬우나 거짓은 기억이 쉽지 않아서 전에 무어라고 했는지 생각이 잘 나지 않으니 말할 때마다 내용이 달라지는 것이다. 이러다 보니 수사기록에 기재된 피의자의 진술은 억지소리로 가득 차 있고 그나마 갈팡질팡한다.

거짓이 의심되는 경우 내가 피고인에게 하는 충고는 일정하다.

"판사는 당신보다 머리가 좋다. 거짓말에 넘어가 그대로 인정할 리 없고, 거짓말하는 사람을 용서할 마음이 생기겠느냐. 사실대로 털어놓고 용서를 비는 것이 당신에게 유리할 거다."

이렇게 충고한다고 해서 모두가 그 말이 옳다며 따르지는 않는다. 태도를 굽히지 않는 피고인을 억지로 자백시킬 방법은 없으므로 나도 범행을 부인하는 것을 전제로 변론을 해 나갈 수밖에 도리가 없다. 그러나 범행 사실을 뒷받침할 증거가 갖추어진 사건에서 피고인의 변명이 받아들여질 가능성은 별로 없다(피고인이 유죄임을 변호인이 거의 확신하는데도 피고인이 무죄 주장을 한다면 그 변호인은 사임해야 옳을 것이다.).

변호사는 이런 사건에서도 "피고인은 무죄입니다. 그러나 설령 유죄로 인정된다고 하더라도 관용을 베풀어 주십시오."라고 변호하게 마련이지만, 잘못을 시인하지 않는 사람에게 용서의 판결이 내려지기를 기대할 수는 없는 노릇이다.

변호사에 따라서는 피고인의 무죄 주장이 사리에 어긋나지 않는 경우에도 굳이 범행을 시인하고 용서를 빌라고 요구한다. 무죄를 밝히려면 시간과 노력이 많이 필요하고 실패할 경우 결과도 나쁘므로 그저 무난한 집행유예 판결을 받는 편이 낫다고 보기 때문이다. 물론 이는 지나친 경우이다. 법정에서 진실을 말함은 피고인이나 변호인이 지켜야 할 가장 중요한 원칙이기 때문이다.

진실에 의존하는 방법이 소송에서 가장 현명한 길임은 민사사건이라고 해서 달라지지 않는다.

민사소송이란 권리를 실행하려는 사람이 법원의 도움을 받고자 할 때, 권리를 침해당한 사람이 손해를 배상받으려 할 때 제기하는 것이므로, 그 사람이 주장하는 바가 진실해야 함은 당연한 전제이다. 만일 그가 더 많은 권리를 보호받기 위하여 사실의 일부를 과장하거나 없는 사실을 덧붙였을 때, 그 과장과 허위가 드러나면 진실한 주장까지도 의심을 받아서 배척될 수 있다는 말이다.

　간혹 소송을 하는 사람 중에는 전혀 권리가 없으면서도 부당한 이익을 얻기 위하여 거짓말을 하고 심지어 문서를 위조하는 일도 있으나, 그런 이는 불행을 당할 공산이 크다. 죄 없는 사람을 고소하면 무고죄로서 엄한 벌을 받게 되듯, 거짓으로 소송을 제기한 사람은 패소 판결을 받아서 상대방의 소송비용까지 변상해야 할 뿐 아니라 소송사기죄, 위증교사죄, 문서위조죄로 처벌받게 될 것이 뻔하다.

　어떤 이는 자신을 상대로 대여금 청구 소송이 제기되자 상대방이 자기에게서 채무를 변제받은 내역이 적힌 수첩을 가져다 자기가 상대방에게 돈을 빌려준 차용증이라고 거짓말을 하여 맞소송을 제기했다가 사기죄로 징역을 살기도 했다.

　얼치기 천주교도인 내가 말하기는 좀 어색하나, "내가 너희에게 진실로 진실로 이르노니……"라고 시작하는 성경 구절은 진실만을 말하라는 가르침이 몇 천 년을 두고 내려옴을 보여주는 것 아닌가.

법 있어야 살 사람

'법 없이도 살 사람'이란 남을 해치는 일이 없는 선량한 사람을 이른다. 그런데 뒤집어 생각해 보면 이 말에는 법에 대한 부정적 평가, 적대적 인식이 들어 있다. 법이란 사악한 사람들을 위하여 존재하지 선량한 사람에게 법은 없어도 된다는 뜻이 되며, 그래서 인간의 선함을 나타내기보다 법의 무도함을 강조하는 말로 해석할 수 있다는 얘기다.

사실 전제군주 시대의 법은 민중에게 그렇게 보였을 것이다. 법이란 전제군주의 통치에 봉사했을 뿐 민중의 권리 보호는 안중에 없었고, 군주의 이익을 위해서 민중의 권리는 얼마든지 침해되고 제한될 수 있었다.

프랑스의 어느 왕이 '짐이 곧 국가다'라고 했다지만 우리나라에서도 '짐의 명령이 곧 법이다'라고 말해 온 것과 다름없다. 그러나 민주국가의 법은 시민의 재산과 생명과 인권을 보호할 목적에서 만들어졌으며, 따라서 악인으로부터 선인을 보호하는 역할을 한다. 재산법이 없다면 강제로 빼앗긴 재산을 어찌 되찾겠으며, 형사법이 없다면 폭력을 휘두르는 악한을 어찌 벌하겠는가.

뿐만 아니라 복지국가를 지향하는 현대 국가는 육체적, 경제적, 사회적 약자들을 도와주어 자유경쟁의 폐단인 지나친 불균형을 바로잡으려 애쓰고 있으니, 이쯤 되면 '법 없이도 살 사람'을 '법 있어야 살 사람'으로 고쳐 불러야 마땅하겠다.

조금 다른 측면에서, 법 있어야 살 사람의 부류에는 나처럼 법에 관련된 직업을 가진 사람도 속한다. 사람 있는 곳에 범죄가 있고, 재산 있는 곳에 다툼이 있어서 변호사가 할 일이 생긴다.

범죄란 순간의 어리석은 판단 때문에 저지를 경우가 많으므로 범죄에 관한 뉴스를 접하면서 저 사람이 조금만 더 생각했다면 죄를 짓지 않았을 텐데 하고 안타까워할 때가 있다. 그러다가 저런 이들 때문에 내가 먹고산다는 생각에 혼자 쑥스러워지곤 한다. 민사사건에서도 쓸데없이 욕심을 부려 소송을 제기하는 이가 많고 상대의 정당한 권리행사에 공연히 저항하다 소송을 당하기도 한다. 이렇고 보면 변호사란 악한 사람, 어리석은 사람 덕에 산다고 해도 지나치지 않다.

나는 변호사라는 직업이 전체적으로는 매력적이라고 생각하면서도—자유롭고 정년이 없는 데다 수입도 어지간하다.—부정적 평가에 대단히 신경이 쓰인다. '변호사란 나쁜 이웃'이라는 서양 속담은 변호사가 따지기를 좋아하고 제 권리를 철저히 주장하므로 이웃에 변호사를 두면 좋을 게 없다는 뜻으로 이해된다. 그러나 다시 생각해 보면 변호사가 까다롭다 한들 정당한 권리 이상을 요구하지는 않을 터이니, 저 속담은 제멋대로 행동하는 사람이 변호사 때문에 제약이 생기자 헐뜯으려 하는 말일 수도 있다. 물론 아전인수 격의 해석이다.

하지만 원래의 성품이 그러했든 법을 다루다 보니 그렇게 되었든 간에, 나 자신이 보통 사람 이상으로 까다로운 편이 되었음은 분명하다. 어떤 행동이 과연 원칙에 맞는 것인지, 원칙을 따르지 않았다면 그 이유는 무엇이며 그게 합당한지 따위를 시시콜콜 따지는 것인데, 이러한 태도는 다른 사람들로서는 꽤 골치 아프고 썩 달갑지 않으며, 특히 자신은 예외이고 싶어하는 특권의식을 지닌 사람에게는 매우 귀찮다.

그렇다고 해서 나 같은 사람이 노상 탐탁잖은 존재로 치부되는 것은 아니다. 법률 문제가 아니더라도 규칙에 관한 다툼이 생기면 나에게 해석이나 중재를 의뢰하는 경우가 있다.

내가 법률가이기 때문이겠으나 판사였다는 점이 더 큰 이유인 듯하다. 어려운 법률 사건들을 해결한 사람이니 규칙에 관하여 신뢰할 만한 판단을 하리라고 기대하는 것이다.

그러고 보니 나 자신이 철저히 법이 있어야 살 사람임을 새삼스럽게 느낀다.

고통대행업

민사소송을 진행하는 당사자, 형사재판을 받는 피고인이나 그 가족은 사건이 진행되는 동안 잠을 잘 못 잘 정도로 불안과 근심에 시달린다고 한다.

민사소송을 의뢰받거나 형사사건의 변론을 맡게 된 변호사는 당사자의 승소를 위하여 고심하게 되므로 당사자가 받을 고통을 대신하는 직업이 변호사라고 할 수 있다. 따라서 선임료를 주고 변호사를 둔 만큼의 혜택을 입으려면 소송 수행의 고통은 변호사에게 떠넘기고 나는 좀 편안해지자고 다짐하는 편이 좋다.

그러나 아무리 변호사를 선임했더라도 사건에 관한 협조를 계속할 수밖에 없는 당사자로서는 사건에서 완전히 벗어나기 어렵고 변호사는 변호사대로 사건의 압박감에 억눌리므로 소송의 고통은 나누어도 가벼워지지 않는 괴상한 고통이라고나 할는지.

어떤 당사자는 변호사에게 열심히 잘 좀 해 달라는 심리적 압박을 가하기도 한다. 만날 때마다 "변호사님만 믿습니다." 라는 말을 되풀이하는 사람이 있는가 하면 사무원들 몫까지 선물을 하며 기분 좋게 압력을 넣는 사람도 있다. 좋은 술을 주기도 하는데, 술을 못 마시는 나에게는 '이걸 어떻게 처치해야 하나.' 하는 작은 고통만 더하는 선물이다.

변호사 사무실에도 자본주의는 살아 있으므로 선임료를 많이 준 의뢰인은 적게 준 사람보다 더 자주, 더 강하게 압력을 가한다. 고로 스트레스를 덜 받는 가장 확실한 방법은 수임료를 적게 받는 것이다.

의뢰인마다 건네 주는 고통을 모두 받아들인다면 나는 수십 건의 고통 때문에 밥도 안 넘어갈지 모른다. 따라서 살아남기 위하여 변호사는 다음과 같은 주문을 수시로 외워야 한다.

"사건을 위해 열심히 일하되, 절대로 내 일처럼 걱정하지는 말자."

표현을 바꾸자면 "남의 일인 만큼만 걱정하자." 혹은 "소같이 일하되 소 닭 보듯 하자."가 되겠다.

법무법인이라는 대형 마트

2006년 12월 15일의 『한겨레』 사설을 보니 "지역상권 거덜 낼 '동네 이마트'"라는 제목의 사설이 맨 윗자리를 차지하고 있다.

내용인즉, 국내 최대 유통업체인 신세계가 기존 대형 마트보다 작은 수백 평 규모의 미니 이마트 사업을 추진하겠다고 밝혔다는 것, 대형 마트에 대항하여 눈물겨운 생존 투쟁을 벌여 온 중소 유통업체들의 몰락은 시간 문제라는 것, 대형 유통업체에 납품하는 제조업체의 채산성이 갈수록 나빠진다는 것, 중소 유통업 활성화에 수천억 원의 재정을 쏟아 붓는 정부가 나서야 될 일이며 기업윤리에만 맡길 문제가 아니라는 것 등이었다.

이 사설을 읽다 보니 중학교 시절 사회 시간에 한종우 선생님이 "삼성에서 아이스께끼(아이스케이크)까지 만들어서 서민들의 직업을 빼앗음으로써 그들의 생계를 위협한다."고

한탄하던 말씀이 생각난다.

와세다 대학을 나온 실력 있는 선생님으로 알려졌던 한 선생님은 교장에게도 바른말 하기를 주저하지 않는 반골적 성품으로 유명했으며, 진급에 관심이 없어 평생을 평교사로 지냈다. 수업 시간에도 중학생들을 상대로 사회 비판을 자주 했다.

당시 삼성은 기업주의 이름 '이병철'이 부자의 대명사였을 만큼 돈 많은 회사의 상징이었으나 '돈병철'이란 말에서도 풍기듯 부러움과 칭찬 외에 야유와 비난의 대상이기도 했다. 따라서 선생님의 말씀은 대기업의 끝없는 욕망이 불쌍한 사람들의 생존까지 위협한다는 경계의 뜻으로 받아들여져 중학생의 소박한 의협심을 자극했다. 삼성의 행위가 국민의 안전한 식생활에 도움을 줄 수도 있다는 변호는 끼어들 계제가 아니었다.

유통업계의 문제로 돌아가 이를 변호사업계의 문제로 바꾸어 보면, 법무법인과 개인 변호사의 관계는 대형 마트와 동네 슈퍼의 관계와 비슷할 듯하다.

법무법인이란 변호사 회사라고 할 만한 조직으로, 변호사 숫자가 수백 명인 대형 법무법인에서부터 열 명 내외의 중소형 법무법인에 이르기까지 다양하다. 이들이 최근 관심의 표적이 된 것은 외국 자본인 론스타의 외환은행 헐값 인수에서 불법이 의심되어 검찰이 수사를 하는 과정에서였다. 인수에 법무법인이 관여했기 때문이다. '김앤장' 이라는 회사로, 형식상으로는 법무법인이 아니면서도 우리나라에서 제일 오래되고 규모가 가장 큰 법무법인이라는 데에 별 이견이 없다.

김앤장은 본디 외국 기업의 국내 법률 문제 대리를 주목적으로 설립된 것으로 알려졌으나 법인 규모가 커지면서 국내의 민사 송무에도 주력하더니 마침내 대형 형사사건의 수임에까지 적극적으로 나섰다. 대형 법무법인들은 다양한 법률 사무 위임 수요에 맞추기 위해 국내 변호사 외에 외국 변호사, 변리사, 공인회계사 등을 채용하는 것이 일반적이나 김앤장은 더 나아가 전직 행정관료, 세무관료, 경제관료에다가 심지어 전직 검찰 직원, 전직 교도관까지 채용함으로써 사건의 유치와 처리를 위한 완벽한 인적 조건을 갖추었다고 한다.

형사사건의 예를 들자면 수사 과정에서 검찰 출신 변호사가 피의자 변호를 맡는 한편 전직 검찰 직원이 수사와 관련해 피의자의 편의를 도모하고, 사건이 기소되면 법원 출신 변호사가 피고인의 석방을 위해 변론을 하며, 피고인이 구속된 상태에서 재판을 받거나 실형이 선고되어 복역하는 과정에선 교도관 출신 직원이 돌보게 한다는 것이어서 요람에서 무덤까지 김앤장이 책임진다는 말이 나오게 되었다.

김앤장은 이제 막강한 인적 구성과 사건 처리 능력 때문에 감히 그 잘잘못을 파헤치기도 어려운 권력이 되었다고 할 수 있다. 김앤장은 소속 변호사 등에게 지급하는 엄청난 급료와 이를 지탱하기 위한 엄청난 수임료로도 세인을 놀라게 했고, 뒤를 따르려는 다른 법무법인으로 하여금 규모 키우기 경쟁에 나서게 함으로써 법무법인 간의 합병이 유행처럼 번졌다. 법무법인의 규모가 능력을 나타내는 지표로 인식되기에 이르렀다. 다른 한편으론 대형 사건의 성공적 처리 또한 법인의 능력을 보여주는 근거가 되므로 법인들마다 대형 사건의 수임에 안간힘을 쓰는 추세에 있다.

이러고 보니 대기업에 관한 사건 혹은 대기업과 무관하더라도 덩치가 큰 사건은 온통 법무법인의 차지가 되고 개인 변호사는 나머지 사건들, 그나마 숫자도 예전보다 줄어든 사건들에 의존할 수밖에 없다.

대기업에서 소송을 담당하는 사람들이 사건 위임을 결정할 때 대형 법무법인을 우선적으로 선택하는 데는 나름의 이유가 있다. 사건이 회사에 유리하게 종결된다면야 변호사가 누구든 문제될 게 없겠으나 만일 결과가 나쁘면 회사의 소송

업무 담당자가 업무 처리를 적절히 했는지에 관해 문제가 제기될 수 있으며, 그 경우 대형 법무법인에 일을 맡겼으면 면책되기가 쉽다. 더 나은 변호사를 선임할 여지가 없었다고 평가되기 때문이다. 그러니 대형 법무법인의 수요는 높은 수임료에도 불구하고 줄지 않는다. 수임료야 어차피 회사에서 내는 돈이므로 거부감도 적다.

사실 대형 법무법인에 의뢰를 해 본 사람이라면 그 비용에 놀라게 마련이다. 외국의 수임료 계산 방법에 따라서 몇 명의 변호사가 몇 시간을 그 일에 투자하였는가를 기준으로 수임료가 청구되기 때문이다.

예를 들면 어느 회사의 관계자가 사건 내용을 설명하면서 처리 방법을 의논하는 자리에 수임인인 법무법인 소속 변호사 10명이 참석했고, 회의 시간이 5시간 걸렸으며, 법무법인 규정 수임료가 시간당 30만 원이라고 치면 법무법인의 수임료는 1,500만 원(10 × 5 × 30만 원)이 된다. 개인 변호사는 상담료를 받는 사례가 거의 없으므로 개인에게 의뢰했다면 내지 않을 수 있었을 비용이다. 의뢰인은 변호사가 10명씩이나 올 필요가 있었나, 한두 명이었어도 될 텐데라고 투덜거리기도 한다.

법무법인에 사건을 위임하려다가 수임료에 놀라서 발길을

돌리는 사람들도 법인의 높은 수임료는 당연하게 생각하면서 개인 변호사가 제시하는 훨씬 낮은 수임료를 깎으려 하는 것을 보면 법인과 개인에 대한 기준이 다름을 알 수 있다.

『한겨레』 사설을 보면서 내가 내린 결론을 이만하면 짐작할 수 있으리라. 즉, 대형 법무법인의 규모와 숫자가 증가할수록 수임료가 높아져서 사건 의뢰인의 부담이 커지고 있음은—사건 의뢰인이 기업일 경우에도 그 비용은 결국 소비자인 국민의 부담이 된다.—우려할 만한 일이므로 개인 변호사에 대한 보호가 필요하다는 것이다.

일부 대형 법무법인을 범죄 집단이라고까지 부르는 것을 과격하다고 할 수만은 없는 현실을 바라보자면, 언제라도 간편하게 물건을 살 수 있는 동네 슈퍼 같은 개인 변호사도 살려야 한다는 외침에 공감이 갈 것이다.

대법원, 대법관, 전관예우

서초동의 법원단지 안에서 대법원은 가장 높은 곳에 있다. 지리적으로도 그렇고 재판의 심급제도상 최종심을 담당한다는 의미에서도 가장 높다 할 수 있다.

대법원의 판결에 대해서는 더 이상 다툴 여지가 없기 때문에 대법원이 내린 결론은 정당한 것으로 받아들일 수밖에 없는 위력을 지니며, 대법원이 택한 법률 해석은 하급심 법원의 판결과 소송 당사자들의 행동을 규율하는 방향타가 된다.

대법관은 판사가 도달할 수 있는 가장 높은 자리이기에 그 자리에 오르는 것은 판사로서 가장 영예스러운 일로 여겨진다. 내가 초임판사 시절 노종상 부장판사에게서 "영감은 젊어서 판사가 되었으니 대법관까지 해야지요."라는 덕담을 듣고 그럴 수만 있다면 얼마나 좋을까 생각하며 은근히 흐뭇해한 적이 있다.

법관으로서 경력이 쌓이다 보면 어느 판사가 대법관감이

라는 평판이 돌게 마련이다. 대법관이 임기 만료나 정년으로 퇴임하게 되면 새 대법관을 뽑는데, 예전에는 대체로 법조인들의 예상에서 크게 벗어나지 않는 사람이 선택되었다. 하지만 대법관의 임기가 6년이나 되고 자리는 열셋에 불과하므로 자격 있다고 꼽히는 사람 모두가 대법관이 될 수는 없다. 지명될 만한 지위에 이르렀을 때 마침 대법관 자리가 비게 된다는 시운(時運)을 타고나야 한다. 그래서 대법관은 능력뿐 아니라 운도 있어야 한다는 말을 듣는 것이다.

이처럼 영광스러운 대법관의 업무는 수월하지 않다. 일의 양이 많을 뿐 아니라 질적으로도 고되다고 알려져 있다.

전국의 수많은 법원을 거친 사건의 상당수가 마지막 법원인 대법원에 가을 들녘의 메뚜기 떼처럼 몰려오고, 거기엔 까다롭고 복잡하기로 이름난 사건이 숱하게 끼어 있을 터이니 머리로는 남에게 져 본 일이 없을 대법관들도 골머리를 앓게 마련이다. 대법관이 되었다는 기쁨과 영광은 취임일 하루로 끝난다는 푸념 섞인 우스갯소리도 있다.

대법원은 여러 가지 특별법을 만들어 상고할 수 있는 사건의 범위를 제한함으로써 대법관의 업무가 지나치게 많지 않도록 해 왔다. 그런데 이러한 법적 제약보다 더 효율적으로 상고를 제한하는 요인은 대법원의 원심파기율이 살인적으로 낮다는 점이다.

원심파기율이란 대법원에 상고된 사건 중 하급심의 판단이 잘못되었다고 되돌려지는 사건의 비율이다. 이것이 불과 2%로서, 말하자면 100건을 상고하면 2건 정도만 목적을 달성하는 셈이니 이래서야 상고할 기분이 나겠느냐는 말씀이다.

나만 해도 의뢰인이 상고하겠다고 하면 대법원에서 결론이 바뀔 가능성이 거의 없다고 설명하면서 말리는 수가 많다. 변호사들이 이처럼 대법원의 짐을 덜어주는 역할을 하고 있으니 대법원의 계산이 맞아떨어졌다고 해야 할는지.

이러니 대법원에 상고하여 원심 판결이 파기되는 결과를 얻은 변호사라면 그로 인한 경제적 소득은 접어 두더라도 내가 대단한 일을 해냈구나 하는 가벼운 흥분을 감출 수 없다. 좀처럼 맛보기 어려운 희귀한 과일을 얻은 기쁨에도 비유할 만한데, 남보다 몇 배씩 이러한 과일을 따는 사람들이 있다 하여 말썽이 일었다.

대법관 출신 변호사 얘기다. 상고사건의 대리인이 대법관 출신이면 승소율이 눈에 띄게 높다는 점에서 편파적으로 혜택을 주는 것 아니냐 하는 '대법원의 전관예우' 논란이 생겼다. 이용훈 대법원장이 대법관을 지낸 후 변호사를 하던 시절의 수입이 공개되면서, 그 수입이 거액이라는 점 때문에 터져 나온 것이다.

전관예우 문제는 법원의 오랜 숙제 중 하나이나, 이전에는 논란과 비판의 초점이 지방법원과 고등법원이었다. 대법원은 일반인이 쉽게 접근하는 곳이 아니고 전관예우의 대상인 대법관 출신 변호사도 소수였기 때문이다. 그러나 전관의 수가 적을수록 그 가치는 커질 것이므로 대법원이야말로 전관예우의 효력이 큰 법원이 될 수 있다.

많은 상고사건에서 대법관 출신 변호사가 대리인으로 선임되며, 대법관 출신 변호사와 그렇지 않은 변호사가 복수 대리인으로 기재된 사건도 꽤 있다. 후자의 경우에 실제 업무는 대법관 출신이 아닌 변호사가 전담하고 대법관 출신은 이름만 들어간다는 것, 그 이름값도 여느 변호사의 수임료보다 비싼 축에 낀다는 것을 어지간한 변호사들은 알고 있다.

대법원에 상고하는 당사자들은 대법관 출신을 대리인으로 내세워야 승산이 높아지며 적어도 대법관 출신의 이름이라도 넣어야 불이익을 당하지 않는다고 생각함을 알 수 있다. 사건 성공률이 다른 변호사에 비하여 높다는 통계는 이 같은 생각이 들어맞는다고 볼 만한 근거를 제공한다.

그 통계 수치에 대한 다른 해석도 물론 있다. 대법관 출신 변호사의 능력 때문이라는 것이다. 능력 있다는 평판을 듣는 사람이 대법관이 되는 데다가 6년간 상고사건을 다룬 경험까지 갖추었으니 그들이 상고사건을 다른 변호사보다 효과적으로 처리할 가능성은 높다고 할 수 있다.

하지만 그들의 능력 아닌 이름만 빌리겠다는 사람이 적지 않은 것을 보면 대법원에 무슨 전관예우가 있겠느냐고 변호만 하기는 어려울 듯하다.

변호사 없는 편이 낫다

우리나라는 아직 변호사 강제주의를 채택하지 않았으므로 민사사건에서 변호사를 대리인으로 선임하느냐 마느냐, 형사사건에서 변호사를 변호인으로 선임하느냐 마느냐는 본인이 선택할 사항이다. 다만 형사사건 중 사안이 무거운 경우엔 반드시 변호인이 있어야 하므로 피고인 개인이 변호인을 선임하지 않을 경우 국가가 변호인을 선임하는데, 이를 국선변호인이라 한다.

변호사를 선임하는 사건과 그러지 않는 사건을 구분하자면 변호사를 선임하지 않는 사건의 특징을 알아보는 편이 쉬울 성싶다. 민사사건의 경우 소송물가액(소송에서 청구하는 금액 혹은 경제적 이익의 가액)이 너무 적거나, 변호사를 선임할 필요가 없을 정도로 사안이 간단하거나, 변호사를 선임할 비용이 없을 때 변호인이 없다. 형사사건의 경우 사안이 너무 가볍거나 변호사를 선임할 비용이 없을 때 사선변호인이 없다.

어느 경우에나 변호사를 선임할 비용이 없을 때가 공통되는데, 변호사 선임 비용이 차츰 낮아진다고는 해도 우리의 실정상 아직 서민에게는 부담스럽다. 이것은 법률구조사업이 활발해짐으로써 점차 해결되고 있지만 변호사를 선임하지 않은 사건은 여전히 상당수 있다.

이렇듯 변호사가 있는 사건과 없는 사건을 법원이 어떻게 대하느냐를 두고 말이 많았다. 우선 재판 진행 순서부터 문제다.

보통은 변호사가 있는 사건부터 진행하는데, 재판부가 일부러 그렇게 한다기보다는 변호사가 자기 사건 진행을 요구하므로 그리 되게 마련이다. 변호사는 하루에 여러 사건을 다룰 경우도 있으므로 빨리 진행하는 것이 법원의 전체적 업무 처리를 위하여 필요한 측면도 있다. 그러나 요즘에는 사람들이 권리 주장을 당당히 하기 때문에 변호사 없는 이가 "내가 먼저 와서 기다리고 있었다."면서 먼저 진행할 것을 요구하기도 한다.

정작 문제가 되는 것은 재판 결과다. 변호사가 선임된 사건이 그렇지 않은 사건보다 성공 확률이 높지 않으냐는 얘기이다.

민사사건의 경우 법률 전문가가 정확하고 설득력 있게 주장을 하고 증거를 제시해 승률이 높아진다고 해도 이상한 일은 아니다. 사실 법원으로서도 변호사가 선임되는 편이 좋다고 느낄 때가 많다. 주장의 취지가 분명하고 증거도 잘 정리되어 있기 때문이다.

그런가 하면 나쁜 점도 적지 않다. 되든 안 되든 온갖 주장을 잔뜩 늘어놓는다든지, 간단한 사안을 도리어 복잡하게 만들어 버린다든지, 변호사의 존재가 화해에 방해가 된다든지 하는 사례도 꽤 있다.

논의의 중점은 형사사건에서 변호인이 있는 사건의 형량이 그렇지 않은 사건보다 낮지 않으냐, 변호인이 재판부와 사전 관계가 있다거나 전관인 경우 그러한 경향이 더 크지 않으냐 하는 데에 있다.

내 경험으로는 변호인이 있는 사건이 그렇지 않은 사건보다 보편적으로 죄질이 분명 나쁘다. 변호인을 선임할 경제적 능력이 없는 사람들이 범하는 범죄는 대체로 곤궁범인 절도·강도와 폭력 정도다. 규모도 대단치 않다. 반면에 화이트칼라의 뇌물죄, 전문 사기집단의 사기죄 등의 경우 예외 없이 변호인이 선임되고—어떤 경우 여러 명씩—그 액수도 어마어마하다. 그러니 객관적인 사안만 보아서는 변호인 없는 사건의 형량이 낮아야 옳다. 더구나 무죄를 다투는 사건이면 몰라도 형량만을 문제 삼는 사건의 경우 변호인의 역할은 민사사건만큼 크지 않다. 그런데도 실제의 양형은 정반대라는 의혹이 있는 것이다.

나는 단지 변호사가 없다는 이유만으로 불리한 대우를 받는 피고인이 없도록 재판하려고 애썼다. 아니, 사안에 맞추어 바르게 재판하기만 하면 되지 애쓴다는 표현 자체가 불필요할지 모른다. 그래서인지 전봉호 변호사로부터 "서 부장님은 변호사 선임하면 더 불리해진다는 소문이 있어요."라는 말도 들었다.

동네 사람들이 다 압니다

　판사로서 당사자가 변호사 없이 직접 수행하는 소송을 진행하면서 당사자에게 주장을 뒷받침할 증거를 대라고 하면 "동네 사람들이 다 압니다."라고 답할 때가 있다.

　이러한 대답에는 내 주장을 뒷받침할 증인이 한둘이 아니므로 내가 이길 것이라는 자신감도 들어 있지만, 여러 사람이 인정하는 명백한 사실을 꼭 물어봐야겠느냐, 왜 판사 당신만 모른다고 하는지 참 답답하다는 항변도 들어 있다.

　동네 사람들이 다 안다는 말은 사실일 경우도 있겠으나 과장일 경우가 더 많고, 어떤 경우에는 뚜렷한 증인이 없다는 말로도 들린다.

　이 같은 당사자에게 들려주고 싶은 얘기가 두 가지 있다.

　첫째는 당사자에게 아무리 분명한 사실도 판사가 인정 못 하면 소용이 없다는 것이다. 판사는 당사자가 주장하는 사실을 알 턱이 없으므로 판사가 납득할 수 있도록 객관적인 증거를 보여줄 필요가 있다(만일 판사가 우연히 개인적으로 그 사실을 알고 있다면 그 재판을 회피함이 옳을 것이므로 결국 담당 판사는 사실을 모르는 사람으로 바뀌게 될 것이다. 어느 재판의 담당 판사가 당사자와 특별한 관계에 있을 때 스스로 담당에서 벗어나는 것을 '회피'라 하며, 당사자 쪽에서 담당 판사의 교체를 요구하는 '기피'와 대조된다.).

둘째는 증인의 증언이란 여러 증거 중에서 매우 가치가 낮다는 점이다. 증거 중에는 판사가 물건의 형상을 직접 살펴보는 검증, 전문가의 감정이나 증거문서처럼 증거로서의 가치가 높이 평가되는 것도 있는 반면, 증인의 증언처럼 별다른 가치를 인정하지 않는 것도 있다.

어느 부장판사는 『법률신문』에 기고한 글에서 "나는 증인의 증언을 믿지 않는다."라고 단언한 적까지 있다. 이처럼 증언의 가치를 낮게 평가함은 법원의 보편적인 태도이며, 그 근거는 다음과 같다.

첫째, 증언이란 증인이 그 사건에 관하여 기억하는 바를 표현하는 것인데 인간의 기억이란 매우 부정확하기 때문이다. 불과 며칠 전에 겪은 일에 관한 기억도 부정확하다는 사실이 여러 실험에서 밝혀졌거니와, 나 자신의 일주일 전을 더듬어 본다면 그날이 특별한 날이었거나 특이한 행사를 한 날이 아닌 한 기억이 가물거림을 알 수 있다. 증인이 나와서 "원고와는 이웃에 살아서 아는 사이인데 10년 전 원고가 그의 집 마루에서 피고에게 돈 15만 원을 빌려주는 것을 보았다."라는 식의 증언을 하는 것을 보노라면 웃음이 나올 지경이다.

둘째, 우리나라에서는 증인이 거짓말을 하는 성향이 유독 강하다는 점이다. 그 이유를 두 가지로 볼 수 있는데, 하나는 거짓말에 대한 관대함이고 다른 하나는 인정 혹은 연고주의이다. 서양의 습속으로는 거짓말이 큰 죄악으로 여겨지고, 더구나 법정에서 성경을 두고 맹세하고 나서 거짓말을 하지는 않는다고 한다. 이에 반하여 우리나라에서는 누구의 부탁으로 유리한 증언을 요청받으면 "거짓말을 하면 처벌받겠다."라는 맹세를 하고도 거리낌 없이 거짓말을 한다는 것이다.

법정에서 증인신문 과정을 구경하노라면 한심하기 짝이 없고, 당사자라면 복장이 터질 지경이 된다. 예를 들면 원고의 요청으로 증인이 된 사람이 원고가 물을 때는 모조리 "맞습니다."라고 대답해 놓고는 피고가 같은 질문을 하면 "내가 언제 그렇게 말했느냐." 혹은 "아니다."라고 대답하는 것이다. 한마디로 증인은 "나에게 증언을 부탁한 사람의 요구대로 무조건 응하겠고 상대방의 요구는 무조건 거부하겠다."
고 다짐을 하고 나와서 그대로 실천하므로 무리를 저지르는
것이다.

그러니 당사자들은 증인만으로 소송을 이길 수 있다는 생
각을 버리는 것이 좋다. 증언은 가치가 낮기도 하지만 독자
적인 증거 가치를 인정받기 어렵고 다른 증거의 보조적인 역
할만을 하기 때문이다.

소송 중독자들

소송에서 1심 판결을 받게 되면 패소자에게는 항소 기회가 주어진다. 항소를 하느냐 마느냐는 전적으로 그의 선택에 달려 있으나, 3심 제도가 보장된 마당에 겨우 1심만으로 소송을 단념하는 예는 많지 않다. 적어도 사실심의 마지막 단계인 항소심까지는 소송을 계속하는 게 보통이고 정상이라 할 수 있다. 따라서 1심에서 승소한 사람도 패소자의 항소에 따라 항소심 재판을 받는 괴로움을 피하기 어렵다.

그러나 항소심에서 패소하는 경우 상고를 할 것이냐의 문제는 조금 다르다.

첫째, 상고심에서 결론이 번복되는 예는 거의 없다고 보아도 될 만큼 적다.

둘째, 그러면서도 상고심의 판결은 상고한 때로부터 보통 1년, 길면 2년이 지나야 내려지며 언제 판결이 내려질지 알수도 없다. 소송을 제기한 사람은 그 사실이 머릿속에서 떠나지 않으므로 정신적 부담이 그만큼 길어지는 것이어서, 승소 가능성이 적음을 생각하면 결코 권할 만한 일이 아니다.

따라서 상고는 특별한 경우에만 한다고 보면 된다. 그런 경우란, 1심에서 이겼다가 2심에서 졌을 때처럼 법원 간에 견해 차이가 있을 때라든지 항소심의 결론이 너무나 부당하다는 데에 여러 변호사의 의견이 일치했을 때를 말한다.

3심을 거친 뒤 다시 재판을 받을 수 있는 특수한 제도도 있다. 재심제도가 그것이다. 예전의 재판이 부당하게 이루어졌다고 볼 자료가 있을 때 사건을 다시 심리토록 하는 것으로서, 쉬운 예를 들면 예전 재판의 증거로 채택됐던 증언이 거짓으로 밝혀진 경우에 허용된다.

다시 말해서 3심을 거쳐 패소한 당사자가 재판을 더 받아보려면 상대방 증인을 고소하여 위증죄로 처벌받게 해야 한다. 그런 이유로 위증죄에 관한 고소를 하는 사례가 많은데, 이쯤 되면 재판 중독 상태가 아닌지 의심해 봄 직하다. 싸잡아서 말하기는 조심스럽지만 이중 상당수는 그 소송에 집착하는 정도가 심하여 소송의 노예가 되고 직업적인 소송 전문가와 다를 바 없게 된다.

재심도 쉽지 않은 것이, 설사 위증이 확인되어 처벌하게 되더라도 위증 내용이 사소하여 결론에 변화가 없다거나, 위증 내용이 중요하더라도 증언 외의 다른 증거들이 충분해서 결론이 바뀌지 않는 경우에는 결국 재심까지 온 보람을 얻지 못한다. 그러나 소송 중독자라면 재심에 실패했다 하여 단념할 분이 아니다. 제2, 제3의 소송을 궁리하여 끝없이 소송을 이어 간다. 소송을 이롭게 할 목적으로 간간이 형사 고소도 곁들이다 보면 상대방에게서도 고소를 당하게 되어 법원과 검찰에 출퇴근하는 지경에 이른다.

내가 아는 어떤 사람은 투자용으로 사 놓은 땅의 매매대금을 치르는 과정에서 다툼이 생겨 소유권이전등기를 하라는 소송을 제기했고, 상대방은 계약이 해제되었으니 계약금은 포기하고 나머지 중도금만 찾아가라고 맞섰다. 나의 친지는 3심까지 패소하자 재심을 시도했다. 그 과정에서 부족한 소송 비용을 조달하기 위하여 사채를 얻어 쓰다가 담보로 한 재산을 날릴 지경이 되었다. 더 이상의 방법이 없어졌을 때 찾은 중도금은 이미 별 가치가 없었다.

2심 정도에서 법원의 판결에 승복하고 중도금을 찾아서 이용했더라면 사채까지 얻을 리 만무했으므로 소송을 중도 포기하지 않은 대가가 혹독했던 셈이다.

소송은 제기하기 전에 신중해야 하고, 시작했다 해도 적절한 시기에—항소심 정도에서—포기할 줄을 알아야 한다.

어떻게 될 것 같아요

민사사건이건 형사사건이건 간에 당사자는 결론이 어떻게 내려질 것인지 무척 알고 싶어한다.

장래에 대하여 궁금해함은 인간의 본능이기도 하지만, 어떻게 될 것 같으냐고 묻는 당사자는 만일 현재 시점에서 나쁜 결론이 예측된다면 상황을 바꾸기 위하여 다른 수단을 취하겠다는 의지를 나타내는 것이다.

실은 이 질문은 변호사를 선임하기 위하여 상담할 때 당사자가 으레 던지는 것이다. 당사자가 기대하는 답변은 "틀림없이 당신이 이길 수 있습니다." 혹은 "틀림없이 당신의 가족은 석방될 수 있습니다."라는 것이나, 아쉽게도 그런 말은 정답이 아니다. 판결하기 직전까지 판사 자신도 어떤 결론을 내릴지 알 수 없으니, 변호사가 그것도 겨우 선임 단계에서 사건의 결론을 내릴 수는 없는 일이다.

그 단계에서 변호사가 할 수 있는 일이란 당신에게는 이런 점이 유리하고 저런 점이 불리하다, 그러므로 가능성이 크다 혹은 적다는 견해를 제시하는 것뿐이다.

이런 정도의 미적지근한 답변만으로는 불안하여 그 변호사를 선임하지 않고 좀 더 분명히 밝은 전망을 제시하는 변호사를 찾아 떠나는 사람이 적지 않다. 이런 이에게 담당 판사도 지금은 결론을 알 수 없을 테니 100% 확언이란 불가능하다고 아무리 설득해도 들을 턱이 없다.

그렇다고 의뢰인을 붙들어 두고자 "잠깐! 그 사건은 틀림없이 이기게 해드리겠습니다."라고 큰소리칠 생각은 없다. 사건 결과가 잘 나오면 다행이지만 결과가 나쁠 때 의뢰인에게 당하는 고통은 견딜 수 없을 것이 뻔하기 때문이다. 그 사람이 "당신이 틀림없이 이긴다고 해서 사건을 의뢰했는데 지게 하였으니 모두 책임져라." 한다면 무어라 변명할 말이 있으며, 그가 잃게 된 몇 억 원의 돈 혹은 그의 가족이 받은 징역형을 어떻게 내가 책임지겠느냐는 말이다.

더구나 당사자가 자신에게 불리한 조건을 숨긴 채 변호사에게 의견을 붙어서 변호사가 희망적인 답변을 했다고 치면, 그 변호사는 나중에 곤욕을 치를 가능성이 더욱 크다.

예컨대 적잖은 전과를 지닌 피고인에 관한 사건을 가족들이 의뢰하면서 전과 얘기를 빼고 의견을 물을 때 변호사가

"집행유예는 가능하겠지요." 하고 대답했는데 전과 때문에 중한 형벌이 선고된 경우 피고인과 그 가족은 "잘 된다고 해서 맡겼는데 왜 이 모양이 되었느냐."라면서 책임지라고 항의를 한다. 변호사는 "전과를 얘기해 주었더라면 집행유예가 가능하다고 대답하지 않았을 것이다."라고 방어를 하지만 피고인 가족이 "전과를 다 얘기했다."라고 우기면 말다툼에서 이기기가 쉽지 않다.

민사재판의 경우에도 '송사는 양쪽 말을 다 들어 보아야 한다.'는 말이 있듯이 상대방의 답변을 보고서야 의뢰인에게 많은 약점이 있음을 알게 된다. 그러니 당사자의 말만 듣고 결론을 내리는 일은 섣부른 짓이 되기 십상이므로 나는 "어떻게 될 것 같아요?"라는 질문에 대해 점점 말이 없는 사람이 되어 간다.

재판 진행 중에 의뢰인의 결정적인 흠이 발견될 경우 재판장은 "변호사가 알면서도 숨겼구나." 하고 의심하는 눈초리를 보이기도 하니 이래저래 변호사는 고달프다.

정의가 질 때도 있다

재판에서 이기면 정의의 편이 되고, 지면 부정한 편이 되는 걸까. 재판에서 지는 바람에 얼굴을 들 수 없다느니, 동네에서 계속 살 수 없어 이사를 갈 수밖에 없다느니 하는 말을 가끔 듣는다. 이런 식의 사고가 재판에 죽자 사자 매달리게 만들고, 재판에서 이기기 위해 필요하다면 위증도 서슴지 않는 등 수단 방법을 가리지 않게 만든다.

어떤 사람이 근거 없는 주장을 하며 소송을 제기했다가 허위임이 드러나 패소한 경우라면 그 같은 사고가 옳을 수 있다. 그러나 정의로운 사람이 지는 경우도 얼마든지 있다.

예컨대 돈을 빌려준 사람이 채무자를 상대로 돈을 갚으라고 소송을 할 때, 채무자가 돈을 빌렸음은 인정하되 10년의 시효 기간이 지났으니 갚지 않겠다고 하면 선량한 채권자가 패소할 수 있다. 여기서는 패소한 채권자가 정의의 편이고, 시효제도를 이용하여 돈을 떼어먹으려는 채무자가 불의라고 해야 맞는다.

사실 일반인이 납득하기 어려운 법률제도의 하나가 시효제도이다. 채권자가 채무자의 처지를 감안하여 그가 갚을 능력(변제자력)을 갖출 때까지 기다려 주었고, 채무자가 채권자의 기대대로 재기에 성공했다고 치자. 그래서 채권자가 채무자에게 빚을 갚으라고 요구했더니 채무자가 시효를 주장하여 빚 갚을 의무에서 벗어났다면, 이러한 채무자는 세상을 살아가는 현명함은 갖추었을지 몰라도 인간으로서의 도리는 팽개쳤다고 보아야 하지 않을까.

정의와 무관한 재판도 있다. 법률의 해석은 다양하므로 법원의 판단을 받기 위해 소송이 필요한 경우도 있다는 말이다.

이렇게 보면 재판에 져서 이사를 가야 한다는 등 재판 결과를 확대 해석하는 자세는 당사자는 물론 우리의 법률문화를 위해서도 좋을 게 없다. 심리적으로 피고와 피고인을 혼동하여, 자신이 소송의 상대방 즉 민사사건의 피고가 되면 마치 형사사건의 피고인으로 기소된 것처럼 불쾌해하는 사람이 많은데 그럴 필요도 없다.

유죄와 무죄 사이

미국의 영화배우 O. J. 심슨의 아내가 살해되자 심슨이 범인으로 지목되어 재판받은 사건이 우리나라에서도 한참 화제가 되었다. 온갖 불리한 증거에도 불구하고 심슨은 무죄 판결을 받았는데, 심슨이 전 재산을 털어 선임한 유능한 변호사들의 변론에 힘입은 것이라 하여 묘한 시선을 받았다.

이상한 일은, 심슨의 처가 식구들이 심슨을 상대로 제기한 민사소송에서는 심슨이 아내를 살해했다고 인정하여 손해배상을 하라는 판결이 선고된 점이다.

재판부가 달랐으므로 견해가 달라졌다고 볼 수도 있겠으나, 같은 재판부가 재판하더라도 민사와 형사의 결론은 달라질 수 있다. 형사책임과 민사책임의 인정 기준, 즉 어느 정도의 증거가 있어야 책임을 인정하는지의 기준이 서로 다르기 때문이다.

형사사건에서 유죄로 인정하기 위해서는 합리적인 의심의

여지가 없을 정도로 분명한 증거가 있어야 하고, "(유죄인지가) 의심스러울 때에는 피고인의 이익으로"라는 법언(法諺: 법에 관한 속담이나 격언)이 형사소송의 대원칙으로 여겨진다. 이에 비하여 민사소송에서 가해자의 책임을 인정하는 데는 상대방보다 우월한 증거가 있는 정도로 충분하다. 굳이 수치로 표시하자면 형사소송의 경우 80% 이상 유죄라고 보아야 피고인을 처벌할 수 있는 데 비해 민사소송의 경우 51%만으로 책임을 인정할 수 있다고 할까.

그 차이는 형벌의 대상이 인간 그 자체임에 비하여 민사책임의 대상은 재산이라는 데에서 비롯되며, 결국 인권의 소중함이 이유라고 하겠다. 이러한 법 원칙은 서양에서 오랜 기간에 걸쳐 확립되어 이론의 여지가 없는 것으로, 그 근저에는 백 사람의 범인을 놓치더라도 무고한 사람 하나를 범인으로 만들어서는 안 된다는 생각이 자리 잡고 있다.

범인을 잡아내기 위해, 심지어 만들어 내기 위해 고문도 서슴지 않던 세상을 살아온 우리에겐 그리 익숙지 않은 원칙이나, 엄격한 원칙 없이는 내 가족, 아니 나 자신이 범죄자의 누명을 쓸 수 있다고 상상해 본다면 이 원칙의 소중함을 실감할 수 있을 터이다.

백 사람의 범인을 놓치는 한이 있어도 단 하나의 무고한 사람이 있어서는 안 된다는 생각이 모두의 머릿속에 절로 들 정도라야 우리의 인권이 선진국 수준으로 발전하지 않을까.

한 가지 덧붙일 점은, 형사사건에서의 무죄 판결이 그가 죄를 저지르지 않았음을 확인해 주지는 않는다는 사실이다. 앞의 원칙을 빌려 표현한다면, 무죄란 그 사람이 죄인이라고 인정케 할 만한 명백한 증거가 부족함을 의미하는 경우가 많다. '심증은 가나 물증이 없다.' 같은 말이 여기에 해당한다.

그러니 언론 같은 데서 가끔 "무죄 판결을 선고받는 사건은 기소 자체가 잘못이다."라고 비판하는 것은 문제가 있다. 무죄와 유죄의 경계선에 놓인 사건도 적지 않은데 그러한 사건은 법원의 판단을 거칠 필요가 있으며, 그런 사건을 기소하는 일 자체가 법질서 유지에 필요하기 때문이다.

형사는 기피 대상?

보통 소송 혹은 사건이라고 하면 민사와 형사로 나뉜다. 민사사건이란 재산에 관한 다툼 아니면 이혼 등 신분에 관한 다툼을 말하고, 형사사건이란 범죄를 저질렀다는 이유로 형벌을 받게 하는 절차를 이른다.

그런데 민사사건과 형사사건에 대한 관심의 정도를 보면 법조인과 일반인 간에 차이가 드러난다. 일반인에게는 형사사건이 민사사건 못지않게 중요함에 비하여 법조인에게는 그렇지 않다는 말이다.

예를 들어서 민사소송이 제기되었다면 당사자가 관심을 가지는 것은 당연하지만 친척들이 관심을 보이는 경우는 드문 데 비해, 누가 형사사건으로 구속되었다면 친척들도 법정에 나와 방청을 하고 구치소에 면회를 가는 등 큰 관심을 쏟는다. 친척이나 친지라면 예의상으로도 관심을 보이는 것이 도리로 여겨진다.

이와 달리 법조인은 민사를 중시하는 경향이 뚜렷하다. 사법시험 합격자가 법조인 자격을 얻기 위해 거쳐야 하는 연수원에서부터 그러해, 형사에 관한 강의 시간은 민사에 관한 그것보다 형편없이 적다.

나의 연수원 시절을 돌아보면 부장판사인 사법연수원 교수 중 선임자가 민사를 맡고 초임자가 형사를 맡았으니, 이것만 보더라도 형사가 기피 대상임을 알 수 있다. 당시 연수원에 갓 부임한 김정현 교수가 형사를 가르쳤는데, 이분은 형사에 관한 강의는 간단히 끝내고 민사 이야기를 더 많이 했다. 민사에 관한 이론가였으니 연수생들에게 전수하고 싶은 지식이 많았을 터여서 큰 도움을 받기는 했지만, 형사는 별로 대수롭지 않아하는 느낌을 받았다.

물론 민사사건은 법의 규모 자체가 방대하고 이론도 어려운 반면, 형사사건은 상대적으로 법이 단출할 뿐 아니라 보통은 법이론이 쟁점이 되기보다는 범죄를 과연 저질렀는가 하는 사실인정(事實認定)의 문제, 피고인의 행위에 대한 적정한 형벌은 무엇인가 하는 양형(量刑)의 문제가 쟁점이다. 그러니 민사에 관한 교육 시간이 많은 것은 당연할 수 있다.

그렇다 해도 일반인에게는 형사사건의 양형이 큰 관심사

인 만큼 법원이 양형에 관해 좀 더 연구할 필요가 있다. 최근에 법원이 양형기준표를 만드는 등 양형의 적정성을 이루려고 노력하는 것은 바람직하다. 예전엔 형사사건은 공부도 안 되고 골치만 아프다 하여 말석판사에게 맡기는 경우가 많았으나 이러한 경향도 바뀌어 가는 듯하다.

왜 나만 죽입니까

양형(量刑)은 고독한 작업이다. 참고할 선례도 원용할 이론도 별로 없이 오로지 사건만을 토대로 하여 형벌의 정도를 정해야 하므로 매우 어렵다. 관대하면 피고인은 좋아하나 피해자가 억울해하고, 무거우면 그 반대가 된다.

예전엔 "피고인을 석방하면 몇 명이 좋다."라는 농담도 있었듯이 관대한 형이 바람직하다는 편이었다. 아닌 게 아니라 형을 선고하는 판사의 처지에서는 무거운 형벌을 내리는 것보다 관용을 베푸는 편이 홀가분하기는 하다. 중형을 내리고 나면 두고두고 내가 너무 엄하지 않았나 후회할 수 있다.

그러나 요즘에는 피해자의 의사표시가 예전에 비하여 자유롭고 강렬해졌기 때문에 피해자의 심경을 참작하여 엄벌에 처하는 사례가 적지 않아 보인다. 피고인에게 관대한 형을 선고하여 피해자가 판사에게 항의할 가능성이 있는 사건이라면 판사가 관용을 베풀기로 결심할 때 이를 염두에 두어야 한다.

양형과 관련해 가장 국민의 관심사가 되고 비난의 대상이 되는 부분은 양형의 불공평성이다. 사안이 비슷한데도 피고인이 누구냐에 따라, 변호인이 누구냐에 따라 양형에 차이가 생길 때 국민은 납득하지 않는다. 재판부가 다르면 양형이 달라질 수 있다는 변명은 통하지 않는다.

양형이란 판사 개인의 성향과 사고방식, 인생관, 세계관의 소산인 만큼 같은 사안에 대한 양형이 판사에 따라 다를 수 있다. 언젠가 수안보에서 열린 양형 관련 세미나에 참석한 판사들을 대상으로 모의 살인사건에 대한 양형 의견을 조사한 결과, 집행유예부터 징역 15년까지 다양한 의견이 나왔다. 분명한 기억은 없으나 징역 3년이 다수 의견이었고, 나도 그에 속했다.

이 같은 의견차를 두고 양형에 대한 불신을 말할 수도 있겠지만 크게 염려할 일은 아니다. 그 세미나에서 조사한 것은 개인 의견이며, 실제 판결은 합의를 거칠 뿐 아니라 훨씬 더 신중할 것이기 때문이다. 또 1심의 불균형은 항소심에서 어느 정도 치유된다. 아무튼 "왜 나만 죽이느냐."는 식의 상대적 박탈감을 해소하는 일이 양형 문제의 관건이 아닐까 한다.

'봐준다' 는 것

내가 법원에 있을 때 제일 듣기 싫어한 말이 '봐준다' 는 말이었다. 주로 형사사건의 피고인에게 관용을 베푼다는 말인데, 묘하게 그 변호인에게 판사가 이익을 준다는 느낌, 엄격하게 판결하지 않고 기준을 벗어났다는 느낌이 들어 있는 말이다.

'봐준다' 는 말이 꼭 나쁜 뜻으로만 쓰이는 것은 아니다. 그 속에는 위반 정도가 가볍거나 그럴 만한 사정이 있으니 선처를 바란다는 뜻이 들어 있고, 형법에도 그런 경우 관용을 베풀 수 있도록 하는 규정이 있으니 봐주는 것이 정당한 상황도 많은 것이다.

그러나 보통의 경우 봐준다는 말은 '부적절한 관용' 이라는 뜻으로 사용되고, 따라서 판사가 변호사 있는 사건은 봐주지 않느냐는 식으로 말하는 것을 들을 때면 나는 모욕감을 느껴 나만이라도 그러지 말아야겠다고 생각했다.

그렇다고 내가 엄벌주의를 주장하는 것은 결코 아니다. 오히려 초범, 특히 미성년자의 경우 강한 반사회성의 발현인 범죄가 아니라면 관용을 베푸는 것이 피고인 개인을 위해서나 사회를 위해서나 유익하다고 생각하고 그렇게 판결했다.

어떤 피고인은 내게서 관대한 재판을 받은 후 용기를 얻어서 살고 있다는 편지를 보내 온 적이 있는데, 아마 변호사도 선임하지 못한 자신을 재판부가 배려하리라고는 기대도 하지 않다가 고마워한 것이었으리라.

나는 배석판사들에게 변호사가 누구인지를 전혀 의식하지 말고 재판하라고 늘 당부했다. 재판 특히 형사재판은 법질서를 바로잡고 정의를 바로 세우는 직업이므로 개인의 인정을 개입시켜서는 안 된다는 것을 누군들 모르겠는가. 다만 판사도 인간인지라 정에 이끌려 자기도 모르게 본분을 잊을 위험이 있을 뿐이다.

사실 이 원칙을 지키는 것이 마음 편한 일은 아니다. 언젠가는 전주지방법원장에서 퇴직하여 서울에서 개업한 변호사가 적부심 사건을 수임하여 전주에 내려온 적이 있었다. 심리 결과 청구를 받아들이지 않기로 하였는데, 그는 결정을 기다리다가 기각된 것을 알고는 못내 섭섭해했고, 전부터 그를 썩 존경하지는 않았던 나로서도 몹시 미안하였다. 이른바 전관예우를 기대한 그 변호사나 그를 선임한 피의자 모두 실망이 컸을 것이다.

이와 관련하여 내가 실망했던 얘기도 하자.

선배 법관 한 분이 말하기를, "소년에 대한 재판을 하는데 아버지라는 사람이 먹고살기 위해 일하느라 바쁘다는 이유로 나오지도 않았다. 그렇게 무심할 수가 있나. 변호사를 선임하고 재판부에 선처를 부탁하는 등 성의가 있는 사람들은 선처를 해 주어도 되지만 무성의한 사람은 선처해 줄 수 없지 않느냐."라는 것이었다. 나로서는 생계 때문에 못 나온 것을 어찌 무성의라 할 수 있는지, 오히려 그러한 사람을 법원이 더 배려해야 하는 것 아닌지 하는 생각이 들어 선배 법관의 생각에 동의할 수 없었고, 그에게 실망했다.

조정제도의 명암

1990년에 제정된 민사조정법에 의하여 강제조정제도가 생겼다. 종전에는 당사자 간에 의사가 일치되면 화해가 성립하고 그렇지 않으면 판결 절차에 따를 수밖에 없었는데, 법원의 강제조정에 대하여 양쪽 다 이의를 제기하지 않을 경우 분쟁을 종결하는 새로운 해결 방법이 생겼다. 임의조정은 성립되지 않았더라도 법원이 제시하는 견해가 크게 불합리하지 않으면 따르는 사례가 많으므로, 정확한 통계는 없으나 강제조정제도는 꽤 효과적인 사건 처리 방식이 된 듯하다.

다만 두 가지 문제점이 있다.

법원은 원고·피고의 견해 사이의 중간 지점을 강제조정의 기준으로 삼는 경향이 있다. 서로 한 발씩 양보하라는 것이다. 그런 보편적 처리 방식이 무난한 경우가 많지만 그렇지 않은 경우도 적지 않다는 점이 문제다. 한쪽의 주장이 정의에 가깝고 상대방의 주장은 반대편에 있는 경우까지 중간

지점을 고수함은 편의주의적이고 무책임한 행동이라 할 수 있다.

다음으로, 조정을 성립시키려고 법원이 지나치게 강압적인 태도를 취할 경우에는 사건 해결을 위하여 한쪽에 지나친 희생을 강요했다는 비난을 받을 소지가 있다.

일반적으로 강제조정을 받은 당사자가 그 결정을 받아들이는 이유는 더 불리한 내용의 판결이 선고될 수도 있음을 감안하기 때문이다. 판결로 갈 경우 자신에게 유리한 결론이 내려지리라는 확신이 없기에 강제조정을 수용한다는 얘기다. 그러나 자신이 유리하다고 믿어 의심치 않는 사건에서 재판장이 '질 수도 있다'면서 조정을 강권할 때, 재판이란 결국 재판부의 의사대로 된다고 생각하면 재판장의 의견을 마냥 무시하기도 겁난다. 그래서 울며 겨자 먹기로 강제조정을 받아들이고는 두고두고 재판부를 원망하게 된다.

그나저나 조정은 법원으로서는 대단히 효율적인 사건 처리 방식이다. 그 사건이 확정됨으로써 상소사건이 줄어든다. 사건에 관한 분쟁이 해결됨으로써 그에 관해 다른 소송이 제기될 가능성이 적어진다. 사건이 판결로 끝날 경우 패소한 쪽이 항소함은 물론이고, 사건이 확정되더라도 거기서 그치지 않는다. 패소한 사람은 다른 방식으로 목적을 달성하고자 상대방에 대하여 형사고소를 하거나 다른 소송을 제기하며, 상대 측 증인으로 나와 자기를 패소하게 만든 사람을 위증죄로 고소하기도 한다. 그러면 형사고소를 당한 사람이 고소인을 상대로 무고죄로 고소를 제기한다. 이런 식으로 소송이 소송을 불러, 한 번 소송의 수렁에 빠지면 좀처럼 빠져나오기 어렵다. 몇 년 전에 내게 소송을 의뢰한 사람을 소송이 끝난 후에도 법원 근처에서 여러 번 보는 것은 그 때문이다. 소송이란 칡덩굴 아니면 암세포임이 틀림없다. 조정제도란 이런 소송의 번짐 현상까지 막는 것이니 역설적으로 변호사에게는 독약 같은 존재일지도 모르겠다.

치받는 판사

법원은 지방법원, 고등법원, 대법원의 3단계로 구성되고, 재판도 3심제로서 1심, 항소심, 상고심을 거치게 된다. 1심은 지방법원, 2심은 고등법원, 3심은 대법원이 맡는다고 할 수 있으나 단독사건의 경우 1심 재판에 대하여 항소하면 2심을 지방법원 항소부가 맡게 된다.

최종심인 대법원의 재판은 1심, 2심과는 사뭇 다르다. 원칙적으로 기록만 가지고 하는 것이어서 법정에서 재판이 열리지 않는다. 1심, 2심처럼 새로운 주장이나 증거를 제출하는 절차가 없이 그동안 내놓은 주장과 증거들을 토대로 판단하는 일이 전부다.

이는 상고심의 판단 범위가 제한되는 것과 관련이 있다. 상고심은 사실관계에는 간섭하지 않고 그 사실관계를 전제로 한 법률 적용이 정당한지만 판단의 대상으로 삼는다. 물론 지극히 부당한 사실인정의 경우엔 법률 적용을 잘못한 것으로 보아 시정할 때도 있으나 예외적이라 하겠다.

항소심의 결론이 법률을 잘못 적용했거나 법률 해석을 잘못한 결과라고 대법원에서 판단할 때는 그 결론을 취소하고 다시 판결하도록 사건을 항소심에 돌려보내게 된다. 이때 항소심은 대법원 판단을 따라야 하는데 그러지 않고 대법원의 판단과 다른 결론을 내리는 행위를 "치받는다"고 표현한다.

항소심이 대법원으로부터 돌려받은 사건을 심리할 때 새로운 사실이나 증거가 발견되어 사정이 바뀌었기 때문에 대법원과 판단을 달리하게 되었다면 치받은 것은 아니다.

대법원이 사건을 항소심 법원에 되돌릴 때의 판결취지에는 여러 가지가 있다.

예를 들어, 원고가 피고에게 돈을 빌려 주었다고 하면서 피고가 돈을 빌린 것으로 기재된 차용증을 증거로 제출한 사건에서 항소심 법원이 그 차용증은 피고가 작성하지 않고 위조된 것이라는 이유로 원고의 청구를 기각했다고 하자. 이때 대법원이 "항소심이 위조의 근거로 들고 있는 증거는 이러저러한 이유에서 신빙성이 없고, 오히려 항소심이 배척하지 아니한 이러이러한 증거들을 보면 차용증을 피고가 작성한 것으로 봄이 정당하다."라고 판결했다면 대법원은 항소심에 대해 원고의 청구를 인용하는 판결을 내리라고 한 것과 다를 바 없고, 따라서 사건을 돌려받은 항소심이 전과 다름없이 원고의 청구를 기각한다면 대법원을 치받았다고 볼 만하다.

그러나 대법원이 "항소심은 이러저러한 증거를 근거로 위조라고 판단했으나 사건 기록상 피고가 원고로부터 돈을 빌렸다고 볼 만한 사정이 엿보이므로 그 점을 더 조사해 볼 필요가 있다. 이 점에 대하여 항소심의 조사가 이루어지지 않았음은 심리가 충분하지 못한 것이므로 차용증이 위조되었다는 이유만으로 원고의 청구를 기각함은 잘못이다."라는 취지로 판결한 경우에는 항소심에 원고의 청구를 인용하라는 판결을 요구했다고 볼 수는 없다. 다시 말해서 항소심은 원고가 피고에게 돈을 빌려 주었다고 볼 만한 다른 근거가 있는지 더 조사해 보아서 근거가 있으면 원고의 청구를 인용하고 근거가 없으면 원고의 청구를 기각하게 되며, 원고의 청구를 기각했다 해서 치받는 것은 아니라는 말이다.

아무튼 치받는 행위는 심급제도의 취지에 반할 수도 있는 대단히 도전적인 행위여서 일반적으로는 정당화되기 어렵다.

영국·미국 등 영미법계에 속하는 나라에서는 성문법보다 오랜 기간 축적된 판례에 의거하여 재판이 이루어지므로 판례의 중요함은 말할 나위가 없겠거니와, 성문법에 따라 재판을 하는 우리나라에서도 실제로 법을 해석하고 적용한 사례인 대법원 판례는 매우 중요한 지침이 된다. 대법원 판례와 동일한 사안에서 판례에 반하는 판단을 하면 잘못된 판결로서 파기되기 때문이다. 따라서 법학 교과서에 많은 판례가 소개되고, 판사들이 사건을 다룰 때에도 관련법에 관한 이론을 공부하는 것 못지않게 동일하거나 비슷한 사례에 관한 판례를 찾아보는 일이 중요하다.

사법연수원에서도 대법원 판례의 내용을 가르치고, 판례 내용을 제대로 이해하는지 알아보는 시험문제가 출제되므로 법조인은 은연중 대법원 판례를 존중하는 사고에 젖게 된다.

그러나 민사소송법에서도 대법원 판례를 변경하는 절차를 규정하고 있듯이, 대법원 판례가 영구불변인 것은 아니다.

대법원 판례가 변경되는 경우를 법해석에 관한 견해가 바뀌는 경우와 사회현실이 변화한 경우로 나누어 볼 수 있다. 일반적인 노동 가능 연령을 종전의 55세에서 60세로 바꾼 것이 후자(수명의 연장과 근로의식의 증대)라고 한다면, 여성은 종중 구성원이 될 수 없다던 태도를 바꾸어 여성도 종중원이 될 수 있다고 한 것은 전자와 후자의 합작품이라 할 수 있겠다.

어쨌든 판례 변경이 하루아침에 대법원 스스로 종전의 판례가 잘못되었으니 바꾸겠노라는 식으로 이루어진 예는 없다. 하급심에서 대법원 판례를 치받는 판결을 하거나, 그 판례에 따른 하급심 판결에 대하여 끊임없이 상고를 제기하는 당사자가 있어야 대법원 판례가 변경될 수 있으므로, 치받는 판사와 치받는 당사자는 판례 변경의 공로자라 할 수 있다. 대법원 판례의 변경이 법률문화의 발전에 속한다고 본다면 치받는 판사, 치받는 당사자가 없이는 우리 법률문화는 제자리걸음을 할 수밖에 없다.

치받는 판사의 실례로 신문에 자주 보도된 이정렬 판사를 들 수 있다.

그는 병역기피를 종교의 자유에 속하는 행위라고 보아 무죄를 선고함으로써 국익과 개인의 자유 사이에 충돌이 있을 때 개인의 자유가 존중되어야 한다는 견해를 제시해 사회적 논쟁의 실마리를 제공했고, 나아가 대체복무에 관한 논의를 불러일으켰다. 그의 행동이 병역 의무라는 굳건한 성벽을 거듭 때려서 무너뜨리는 파도가 될지, 아니면 바위에 부딪쳐 깨어지는 달걀이 될지는 두고 볼 일이다.

치받는 판사의 의미를 확장하면 종전의 실무관행을 깨뜨리는 판사를 포함시킬 수 있다. 단독판사 시절의 최병모 변호사(나와 연수원 동기로 옷 로비 사건 특별검사를 지냄.)를 들

수 있겠다.

그는 종전에 주로 변호사의 신청에 따라 허용하던 보석제도를 직권으로 활용함으로써 변호사를 선임하지 않은 피고인에게 보석제도의 혜택을 준 것으로 알려졌다. 나는 신문보도를 통하여 그런 사실을 알고 최 판사의 취지에 공감했으나, 막상 나도 실천하려다 보니 결코 쉬운 일이 아니었다. 수많은 피고인들이 변호사를 통해 보석을 청구하고 그중에서 보석을 허가할 만한 사건을 가려내야 하는 마당에 청구하지도 않은 보석을 허용하기란 어려웠고, 그만큼 최 판사의 행동에는 용기가 뒷받침되었을 것이다.

법정의 호적수들

1970, 80년대의 서울지역 법정에서는 김 아무개 변호사와 이 아무개 변호사의 싸움이 자주 벌어졌다. 이들의 싸움은 지루한 법정에 벌어진 볼거리여서 판사와 변호사들 간에 화제가 되었다.

싸움이랬자 치고받는 것이 아닌 입씨름이었지만 단순히 상대방의 주장을 반박하는 데 그치지 않고 상대방을 자극하고 인신공격적인 주장도 슬쩍 집어넣음으로써 구경꾼의 흥미를 북돋울 만했던 것이다.

둘 중 한 사람이 원고 대리인이 되면 그 건의 피고는 다른 한 사람을 선임하는 사례가 많았다. 그러니 호적수로 소문난 두 사람은 서로의 수임 실적에 보탬이 된 셈인데, 둘 다 실력이 상당하다고 알려지기도 했거니와 상대방을 강하게 공격하는 행동이 의뢰인의 속을 시원하게 했기 때문에 두 사람을 찾는 의뢰인이 많았을 것이다.

소송 중에는 재산보다 감정 때문에 벌어지는 것도 있고, 재산 위주의 소송에서도 상대방을 꼼짝 못하게 제압하여 감정의 만족까지 주는 것을 마다할 의뢰인은 없을 터이므로 두 사람은 소송의 심리적인 측면까지 고려할 줄 아는 유능한 변호사였던 셈이다.

소송을 떠나서도 두 사람은 대단히 나쁜 사이라는 평판을 얻음으로써 사람들을 감탄시켰는데, 그들이 노쇠하여 무대를 떠난 후 뒤를 이을 호적수들이 나오지 않음은 일면 애석한 일이다.

이와 대조적인 것이 원고 대리인과 피고 대리인이 친근한 사이인 경우다. 내 경험으로는 상대방의 대리인이 나와 친밀한 경우 대단히 반갑다. 사건의 진행 절차에서 협조가 가능하고, 조정 시에도 원만한 합의를 기대할 수 있기 때문이다.

상대방 대리인이 잘 모르는 사람일 경우 불편한 점은 우선 법정에서 그를 찾는 데서부터 시작된다. 수많은 변호사 중 나의 상대방이 누구인지, 그 사람이 법정에 와 있는지를 알아내려면 변호사가 가지고 있는 사건기록에 기재된 이름을 확인해야 하는데 이것도 일이라면 일이다.

상대방 대리인이 잘 아는 사람이라면, 인정해도 될 사실을 공연히 다투어서 성가시게 하는 일은 없으리라고 기대할 수 있고 실제로도 그 기대에 어그러지는 일이 별로 없으니, 이것이 연고주의의 좋은 점이라면 좋은 점이겠다.

그러나 당사자는 다르다. "상대방 대리인과 나의 대리인이 짜고서 나를 불리하게 만들었다."고 말하는 사람을 여럿 보았을 만큼 당사자들은 대리인끼리 친밀하다는 점을 의혹의 시선으로 볼 가능성이 있다.

앞서의 호적수 변호사들이 연극적 기질을 발휘하여 사업적 성공을 거둔 것과는 대조적으로 나는 소송 당사자의 심리에 둔감한 탓에 실패한 적이 몇 번 있다.

상대방의 주장이 불합리하여 승소할 가망이 없다고 생각되는 사건에서의 일인데, 법정에서 상대방이 이런저런 주장을 해도 대꾸할 가치가 없다고 생각하여―이미 준비서면으로 충분한 주장을 하였으니 말로 되풀이할 필요는 없다.―잠자코 있었고, 나로서는 이러한 태도가 재판부에 호감을 주었다고 내심 만족해하였다.

그러나 이를 지켜본 내 의뢰인은 상대방의 주장에 내가 당차게 반박하지 않아 재판부가 상대방 주장에 기울어질 우려가 있다고 보았는지 불안하다면서 내게 사건에서 손을 뗄 것을 요구했다. 저쪽의 주장은 결코 받아들여질 리 없는 것이니 걱정할 것 없다고 설득했으나 이미 차는 떠난 뒤였으니,

나의 예의 바르고 조용한 태도는 무능과 무성의로 평가되었을 따름이었다.

피고인에게 술을 먹여라

음주운전은 음주가 그러하듯 습벽이다. 몇 번씩 적발되어도 좀체로 그만두지 못한다.

음주운전자에게 자동차는 흉기에 지나지 않는다. 음주운전자가 당하는 불행이야 제 탓이라 해도, 아무 잘못 없이 음주운전의 피해를 입은 사람의 억울함은 풀 길이 없다.

음주운전의 폐해를 줄이고자 생긴 것이 3진 아웃제─두 번째 적발까지는 용서할 수 있어도 세 번째부터는 구속을 원칙으로 한다는 방침.─이다. 술을 즐기는 사람들이 3진 아웃제 때문에 음주를 줄이지는 않겠으나 음주운전은 자제할 터이고, 그로 인하여 대리운전이 성행하는 듯하다. 대리운전 업계의 경쟁도 치열해져서 초창기에 5만 원 하던 요금이 8천 원까지 내렸다.

음주운전과 관련된 가슴 아픈 기억은 이명규의 죽음이다.

고교 동창 이명규는 정의파이자 유쾌한 사나이였다. 10여년 전 어느 겨울 저녁, 역시 동창인 김철승의 합정동 사무실에서 친구들 몇이서 밤새 술 마시며 놀고 나서는 자기 차를 몰고 가려는 명규를 만류해 영업용 택시에 태웠단다. 친구들은 명규가 집에 잘 들어갔겠거니 했는데 시내버스와 승용차가 충돌한 사고가 보도되었고, 그 승용차 운전자가 명규였다. 아마 택시를 타고 잠시 가다 되돌아와 자기 차를 몰던 중 사고가 난 모양이었다. 친구들은 자동차 열쇠까지 빼앗지 않은 것을 후회했으나, 그들의 조치를 소홀하다고 나무랄 수는 없었으니 팔자 소관이라 할 밖에 없었다.

나 스스로도 아찔한 기억이 있다. 동향으로 약간의 친분이 있던 오 아무개 변호사의 차에 편승할 일이 생겼는데, 나는 술을 조금 한 상태여서 운전하기를 망설였다. 본디 술을 못하는 오 변호사도 그날은 조금 마신 편이었으나 지장은 없다고 하기에 그더러 운전하라고 했다(나와 오 변호사는 서로 다른 장소에서 술을 마셨다.). 아무래도 좀 걱정스러워서 조수석에 앉아 오 변호사를 계속 지켜보니, 차가 똑바로 가지 않고 그가 계속 손으로 눈 주위를 쓰다듬는 품이 심상치 않았다. 그래도 본인이 괜찮다고 하여 계속 가는데, 이제는 중앙선을 넘곤 하는 게 아닌가. 당황한 내가 고함을 지르며 더이상은 안 되겠으니 천천히 길 오른쪽으로 가서 세우라고 하자 그제서야 오 변호사도 안되겠네요 하면서 운전석에서 내리는 것이었다. 이때쯤 내가 술이 좀 깼기 때문에 운전석에 앉아 무사히 목적지에 도착했지만, 두고두고 그 생각만 하면 소름이 끼쳤다.

이런 일들을 종합하면 음주운전에 관한 유의점을 다음과 같이 정리할 수 있다.

첫째, 음주한 사람은 자기 차를 운전하려는 경향이 강하므로 그럴 기회를 봉쇄할 것. 대리운전은 최고의 해결책이다.

둘째, 음주한 사람에게 물어서 운전이 가능할지를 판정하지 말라. 술 마신 사람의 판단 자체가 부정확하기 때문이다. 운전 가능 여부의 판단은 쉬운 일이 아니다. 운전을 해도 무방한지를 그의 행동만으로 알아내기가 쉽지 않고, 더구나 나와 오 변호사의 사례처럼 술을 어떻게 얼마나 마셨는지를 모를 때는 더욱 그렇다.

체질적으로 술을 못하는 나는 재판을 하다 보면 음주가 혐오스러울 때가 많다. 특히 폭력 사건을 다루다 보면 술을 마셔서 범행을 했다든지 술에 취해서 범행의 기억이 전혀 없다는 진술을 자주 듣는다. 그중 일부는 사실이기도 하다. 맑은 정신으로는 하지 않았을 일을 술 때문에 했다는 말이니 술이 원수가 아닐 수 없다.

오죽하면 내가 농반 진반으로 음주운전은 처벌 대상이지만 흡연운전은 그렇지 않고, 술 마셔서 범죄를 저질렀다는 말은 들었어도 담배를 피워서 범죄를 저질렀다는 말은 들은 일이 없으니 흡연보다 음주가 훨씬 나쁘다고 우기기도 한다.

그런가 하면 법원에서 '피고인에게 술을 먹인다.'고 표현하는 경우가 있다.

재판을 하다 보면 범행 내용에 비추어 지나치게 형이 높아서 부당하다고 느껴질 때가 있다. 이는 법정형이 과중하기 때문이다. 예를 들어 좀도둑이 남의 집에 들어가 물건을 훔치려다가 주인에게 발각되어 도망친다고 하자. 주인에게 덜미를 잡힌 도둑이 빠져나가려고 주인을 한 대 치고 도망쳤다. 이때 집주인이 가벼운 상처라도 입으면 도둑은 강도상해죄를 범한 것이 되어 7년 이상의 징역형을 면할 수 없다. 형을 감해 줄 사정이 있어도 절반인 3년 6개월의 실형을 살아야 하며, 집행유예는 애시당초 불가능하다. 그런데 도둑이 사전에 술을 좀 마셔서 정상적인 판단력을 잃은 상태였다면 다시 감경(減輕)을 하여 집행유예를 선고할 수 있고, 1년 9개월의 실형도 가능하다.

따라서 위와 같은 사건의 법정에서 변호인은 기를 쓰고 피고인이 음주로 심신미약 상태에 있었다고 주장하고, 사건에 따라서는 피고인과 변호인이 아무 말 하지 않아도 재판부가 나서서 피고인에게 범행 전에 술을 먹지 않았느냐고 넌지시 묻게 된다. '피고인에게 술을 먹인다.'고 표현하는 게 바로 이것이다. 피고인을 3년 6개월 이상에 처함이 너무하다고 생각하여 배려하려는 처사인데, 눈치 없는 피고인이 혹시 술을 먹었다고 하면 재판부가 더 나쁘게 볼까 봐 죽어도 술은 안 마셨다고 우기는 사례가 있다. 그럴 때 재판부가 웃는지 울상을 짓는지는 보지 않아서 모르겠다.

누구나 알다시피 술자리의 대화 중 상당 부분이 술을 더 들라는 것이다. 자 한잔 합시다, 드시고 잔 주세요, 잔이 비었네, 왜 여기는 쌍안경이야, 내 잔 어디 갔어, 노털카 찡데오(잔을 털거나 카아 하는 소리를 내거나 얼굴을 찡그리면 안 된다는 뜻의 약어인데 뒷부분은 맞는지 모르겠다.) 등이다. 술을 마시지 않는 나로서는 눈치 못 채게 안주나 먹으면서(술 안 먹고 안주만 축내는 사람은 증오의 대상이므로) 얼른 자리가 끝나기를 기다리곤 한다. 이때 제일 듣기 싫은 소리가 들린다. "여기 한 병 더!"

벌금보다 집행유예가 가볍다?

　형법상의 범죄에 대한 형벌은 가벼운 순서대로 벌금—징역형—무기징역—사형이다. 경범죄처벌법에 구류, 과료라는 더 가벼운 벌이 있기는 하나 일반적으로 벌금형은 가장 약한 형벌이며, 따라서 양형에 관한 변론은 "피고인을 벌금형으로 선처해 주시고, 벌금형을 선고하기에 피고인의 범행이 무겁다고 판단하신다면 형의 집행을 유예해 달라."는 식으로 시작된다.

　벌금형이 형벌의 맨 앞자리를 차지하는 이유는 몸이 구속되는 징역형보다 돈만 축나는 벌금형이 피고인에게 덜 고통스럽다는 데에도 있지만, 징역형을 선고받은 사람은 공무원을 할 수 없는 등 일정한 자격을 박탈당하는 데 비해 벌금형은 자격제한 요건에 해당하지 않으며, 집행유예의 요건에도 벌금형은 전혀 지장을 주지 않는다는 데 있다. 그러나 벌금형과 징역형 집행유예를 두고 어느 편이 가볍고 무거운가를 가려 본다면 그리 명쾌한 답이 나오지 않는다.

벌금형은 벌금을 실제로 내야 하는 데 비하여 징역형은 더 무겁기는 하나 그 집행이 우선은 유예되고 일정 기간을 조심스럽게 지내면 집행유예형이 아주 소멸되기 때문이다.

벌금을 내지 않으면 노역장에 유치되어 거기서 받는 노임으로 벌금을 내는 셈으로 치는데, 노역장이란 다름 아닌 교도소이므로 벌금을 내지 않으면 벌금형은 징역형으로 바뀐다. 좀 과장하자면 벌금을 납부할 재산이 없는 사람에게 벌금형을 선고함은 징역형을 선고한 것과 다르지 않다.

판사는 피고인의 범행이 가볍다고 보아 벌금형을 선고한 것인데 징역을 보내는 결과가 된다면 판사가 의도한 바와 달라진다. 그래서 피고인이 그러한 사정을 얘기하고 집행유예형을 자청하는가 하면 판사도 피고인에게 벌금형을 선고해도 되겠는지를 사전에 묻기에 이르렀다.

벌금형을 대신하는 집행유예형에 위험이 없는 것은 아니다. 피고인은 "내가 범죄를 저지르는 일이 또 있겠나." 하면서 집행유예를 자청한 것이겠으나 사람의 앞일은 알 수 없는지라 운이 나빠서 집행유예가 취소되어 징역형을 살게 되는 경우가 없지 않을 테니, 재산이 없는 것만도 서러운데 형벌조차 무거워지는 억울함을 어디다 호소할 것인지.

미련, 미련함

사랑하는 사람을 위해서라면 내가 가진 것을 다 주어도 아깝지 않다.

사랑하는 사람을 위하여 귀고리, 목걸이, 반지를 사 주고, 사랑하는 사람을 위하여 둘이 만날 때 드는 모든 비용을 부담하고, 사랑하는 사람을 위하여 그가 걱정하는 채무를 갚아 주고, 심지어는 사랑하는 사람의 가족이 필요한 자금까지 보내 주며, 사랑하는 사람을 위해서라면 내가 빚을 지는 것도 마다하지 않는다.

그러다가 두 사람이 헤어지게 될 때, 특히 상대방에게 다른 연인이 생겼을 때, 복수심에서 이제껏 상대방에게 쓴 돈이 실은 대여금이니 갚으라고 소송을 제기하는 수가 있다. 주장인즉, 상대방에게 보낸 돈은 거저 준 게 아니고 나중에 갚기로 하고 빌려 주었다는 것이다.

그러나 차용증을 작성하였을 리 없으니 이자라든가 변제

기—갚기로 약속한 시기—에 관한 주장이 어설플 수밖에 없으며, 상대방은 상대방대로 실컷 주어 놓고는 이제 와서 왜 딴소리냐고 한다.

물론 그 돈 중 실제로 갚겠다는 약속을 하고 받는 것도 있을지 모른다. 그러나 차용증 없이 대여한 경우 상대방이 차용 사실을 잡아떼면 입증하기가 여간 어렵지 않아 대체로 실패한다고 보면 된다.

이런 사례는 사랑하는 사람 사이에만 있는 것이 아니고 친척 간, 친구 간에도 흔히 있다. 믿는 사이에 무슨 차용증이냐 하며 그냥 주지만, 나중에 상대방이 변심할 양이면 속이 쓰려도 그 돈은 기부금으로 생각할 수밖에 없게 될 공산이 크다.

실상 차용증 없이 돈을 빌려 줄 때는 '당신이 갚기를 바라지만 만일 갚지 않아도 별 수 없지.' 하는 마음가짐일 경우가 많겠고, 그러는 편이 바람직하기도 하다. 그러니 사랑하던 사람이 어느 날 작별 인사를 하면서 다른 사람에게 가더라도 세발 대여금 청구소송은 하지 마시라고 간곡히 권한다.

물론 이렇게 권한다 해서 그냥 따를 사람은 별로 없다. 그런 사람은 아마도, 소송을 하여 상대방을 귀찮게 하는 것만으로도 복수가 된다고 보는 모양이다. 내 생각으로는 그럴

돈이 있으면 차라리 못쓰게 된 그릇이나 빈 병을 몇만 원어
치 사다가 두들겨 부수는 편이 훨씬 쉽게 분이 풀릴 듯하다.
그러므로 소송은 재고하시기를 다시 한 번 권한다.

아내가 그럴 줄이야

혼인관계란 인간 생활의 기본이다. 아담과 이브가 만나서 인류가 시작되었듯 부부가 만나서 가족을 이루고, 이를 기초로 사회가 형성된다.

부부간에는 일상 가사에 관하여 서로 대리할 권한이 민법에 의해 주어져 있다. 즉, 부부생활이 유지되는 동안 늘 있게 되는 평범한 법률행위, 예컨대 식품을 주문하고 세탁물을 맡기고 신문을 구독하는 등의 행위에 관하여는 따로 대리권을 수여하는 행위가 없더라도 배우자가 서로를 대리할 권한이 있다.

다만 일상 가사에 속하지 않는 행위에 대해서는 대리권 수여행위가 따로 필요하다. 부동산을 판다든지 큰돈을 빌린다든지 하는 경우다. 간혹 여자가 남편의 대리인이라 하여 남편의 인감을 갖고 와 부동산을 팔았는데 남편이 뒤늦게 "내 아내가 나와 상의 없이 인감을 몰래 가지고 나가서 계약을 했으므로 인정할 수 없다."고 하는 경우가 있다. 여자가 남편 명의로 차용증을 작성해 주고 거액을 차용했는데 남편이 모른다고 하는 수도 있다.

남편이 고위 공무원인 여자가 요즘으로 치면 수십억 원을 빌려서 지역을 떠들썩하게 만든 사건들이 있었다. 내가 부산에서 근무할 때 '이창숙 사건'이라 하여 검사의 부인이 고율의 이자를 미끼로 거액을 빌려 초호화판 생활을 하다가 파탄이 난 사건, 부장판사 부인이 주인공인 사건 등이 있었다. 내가 진주에서 가까이 지내던 서정곤 변호사도 비슷한 사건으로 부인이 구속되었다.

이러한 사건에서는 남편이 따가운 시선을 받게 마련이다. 한두 번도 아니고 장기간에 걸친 행위인데 남편이 모를 수 있겠느냐, 아내가 돈을 물 쓰듯 썼으면 남편도 그 혜택을 입었을 텐데 아무 책임도 없다고 할 수 있느냐 하는 등의 의혹과 비난을 받는다.

각기의 속사정을 모르면서 함부로 단언할 수는 없겠으나 내 생각도 일반인의 그것과 크게 다르지 않았다. 다만 아내가 친정을 도우려 그런 일을 벌였다든지, 다른 남자에게 재산을 주기 위해서였다든지 할 때는 남편이 감쪽같이 모를 수도 있다.

이 같은 사건이 있을 때 아내가 저지른 법률행위의 상대방을 보호하는 제도가 표현대리제도이다(한자로 '表見代理'이라고 쓰는데 여기서 '見'자는 볼 '견'이 아니고 드러날 '현'이다.). 상대방의 처지에서 남편의 대리인이라고 하는 여자의 주장을 믿었고, 그리 믿을 만한 이유가 충분했으며, 믿은 것을 경솔하다고 나무랄 수 없는 경우라면 대리권이 있는 것과 똑같이 법률행위의 효력을 인정해 주는 제도이다.

거래의 안전을 꾀한다는 취지의 제도이다. 대리에 의한 법률행위의 안정성을 이만큼 보장해 주지 않을 경우, 진정한 대리인이라는 점을 100% 확신하기 전에는 대리인과 계약할 수 없고, 그리 되면 사회생활이 더할 나위 없이 불편해지기 때문이다.

어떤 경우에는 아내가 남편의 동의를 얻어서 법률행위를 했음이 분명해 보이는데도 남편이 아니라고 주장하면서 법률행위의 결과를 뒤집으려는 소송을 제기하며, 그 목적을 달성키 위해 아내를 사문서위조죄 등으로 고소하기도 한다. 이때 아내가 범행을 자백하면 구속되어 실형을 선고받게 되는데, 민사소송에서 표현대리제도를 적용하여 남편이 패소하면 이 부부는 재산은 재산대로 잃고 처벌만 받게 되는 최악의 상태에 처하게 된다. 욕심은 흔히 이러한 결실을 맺는다.

고통으로부터의 탈출

내가 수행하는 소송의 상당 비율이 이혼소송임을 새삼 깨 달을 때면 정말 이혼이 흔해졌음을 체감하게 된다. 그러나 이혼소송의 대리인 노릇은 한 가정의 해체에 관여한다는 점 에서 썩 유쾌하지 않다.

의뢰인의 손해를 배상받게 하는 민사소송의 대리인, 의뢰 인에게 유리한 정상을 강조하여 관대한 형벌을 받게 하는 형 사소송의 변호인이 되어 만족스러운 결론을 얻은 뒤 의뢰인 에게서 고맙다는 인사를 받으면 변호사라는 직업을 계속하 게 만드는 힘이 생긴다.

이에 비하여 이혼소송에서는 이미 원만한 부부생활이 파 탄되어 사실상 남남 혹은 원수지간이 된 양측이 내뿜는 증오 가 느껴져 편안치 않다. 상대방이 의뢰인을 바라보는 매서운 눈초리가 우연히 내게도 닿으면 섬뜩해진다. 상대방이 폭행 을 가할 것이 두려워서 재판 내내 사설 경호원을 고용하여 보호를 받았던 의뢰인도 있다.

친척의 소개로 내 사무실에 온 황 아무개 여인은 수척한 얼굴에 불안하고 지친 표정이 서려 있었다. 금융업계에서 은퇴한 그의 남편은 지점장으로 지방에서 근무할 때 알게 된 여자와 내연관계를 맺어 월급의 일부를 매달 부쳐 주면서 아내와 자녀에게 무자비한 폭력을 행사했다. 견디다 못한 의뢰인은 자녀들과 함께 집을 나와서 거처를 임시로 정해 놓고 이혼소송을 제기했다.

남편의 통장 거래내역을 확인한 결과 내연의 여자에게 몇 년 동안 매달 상당액의 생활비를 보내 주었음이 드러났다. 남편 측은 빌린 돈을 갚은 것이라는 둥 궁색한 변명을 했고 의뢰인은 그 변명이 사리에 맞지 않음을 신랄하게 지적했다.

상대방의 부정행위와 폭력이 이혼 사유에 해당함은 분명했으므로 이혼과 함께 얼마간의 재산분할과 위자료가 인용(認容)되었다. 얼마 후 다른 일로 사무실을 방문한 의뢰인은 살도 오르고 편안한 표정을 짓고 있었다. 좋아지셨다고 인사하면서 나 또한 편안함을 느꼈다.

내가 그 사건의 대리인으로서 한 일은 가족의 해체가 아니라 의뢰인과 가족이 견딜 수 없는 고통에서 탈출하도록 돕는 것이었고, 행복으로의 안내역이었음을 알았다.

생각해 보면 의뢰인이 고통에서 탈출할 수 있었던 데에는 1990년에 도입된 재산분할제도의 도움이 컸다고 할 수 있다. 재산분할제도가 있으니 전업주부가 혼자 힘으로도 살아갈 수 있다는 용기를 내는 것이지, 그 이전이라면 혼자 살 경제적 여건이 안 될 경우 이혼을 못하고 증오의 대상인 남편에게 부양의 은혜를 베풀어 달라고 기대하는 수밖에 없었을 것이다.

재산분할의 역사는 여권신장의 역사와 발걸음을 맞추어 왔다고 해도 좋을 것이다. 처음에는 전업주부의 몫이 30% 정도에 지나지 않았으나 현재는 50%의 원칙으로 법 개정을 논의하기에 이르렀기 때문이다.

간혹 이혼의 원인이 된 잘못을 저지른 사람은 재산분할을 받을 수 없거나 불이익을 당한다고 지레짐작하나 이는 오해이다. 재산분할이란 부부의 협력으로 이룬 재산은 이혼 시 각자의 몫―재산 형성에 얼마만한 공로가 있느냐를 뜻하는 것으로서 '기여도'라고 부른다.―만큼 나눔이 이치에 맞다고 하여 생긴 제도이므로 부정행위를 저질렀다고 하여 그 몫이 줄어들 이유는 없다.

이혼의 집행유예를

이혼소송이 흔해지기도 했거니와 이혼을 원하는 부부의 혼인 기간이 점점 짧아졌다는 점도 이혼소송의 최근 추세이다. 한번 혼인하면 친정에 돌아올 생각 말고 무조건 참으라는 것은 이젠 누구도 꺼낼 수 없는 고리타분한 얘기가 됐지만 요즘 추세도 찬성할 수만은 없다.

배우자가 단 한 번만 잘못하면 바로 이혼을 요구할 뿐더러 그 잘못이란 게 혼인생활을 끝장내야 할 정도로 돌이킬 수 없는 것인지조차 분명치 않다.

가령 상대가 혼인생활을 더 이상 지속할 수 없을 정도의 치명적 과오를 범했다 해도 즉시 이혼으로 돌입함은 적절치 않다고 나는 생각한다. 형사에서 통용되는 지혜, 즉 초범은 용서하라는 지혜를 혼인생활에도 적용해 보라는 것이다. 초범에 대해 집행을 유예하듯 일단 용서한 후에 같은 잘못이 반복되면 상대에게 더 이상 혼인을 지속할 의사가 없다고 보아 이혼을 요구해도 무방할 것이요, 상대가 처음의 실수를 거울 삼아 원만한 가정을 유지하기 위해 노력한다면 용서란 장래를 위한 보약이 될 터이다. 뿐만 아니라 용서한 사람은 상대방에게 내 잘못도 한 번은 용서하라고 요구할 권리를 얻은 셈이다.

자라온 배경과 성격, 버릇, 사고방식이 다른 사람이 만나 한 가정을 이룬다는 것이 어찌 그리 쉽겠는가. 성격 차이라고 하는 이혼사유처럼 우스꽝스러운 말이 또 있을까. 성격차이란 서로 끌리는 이유일 때가 더 많지 않을까.

조급하게 이혼청구를 하면 헤어지는 데는 성공할지 모르나, 재혼을 하더라도 같은 태도를 유지할 경우 그 또한 오래 가지 못할 우려가 크다. 이 같은 성급함은 자식을 한둘만 낳아 기르면서 과보호를 한 탓에 공동생활에 필요한 인내심이 부족해진 탓 아닐지. 그걸 치유할 마땅한 방법이 보이지 않는 게 더욱 걱정스럽다.

꺼림칙한 소송

내게 소송을 의뢰한 사람의 상대방이 내 의뢰인에게 표현하는 적개심이 너무나 강렬하여 대리인인 나마저 섬뜩할 정도라면 그 대리행위는 몹시 불편하여 소송이 얼른 끝나기만을 기다리게 된다.

상대방이 대리인에게 직접 적개심을 표현하기도 한다.

이혼소송을 처음으로 맡게 되었을 때 내가 가정의 해체에 관여하게 되었다는 점에서 기분이 언짢았으나 그것으로 그치면 그나마 다행이었다.

내 의뢰인은 남편의 폭력에 못 이겨 집을 나와 유흥업소에 다니면서 이혼을 청구했다. 남편은 재판 때마다 아이 둘을 데리고 나와서 네 엄마한테 가서 살라고 밀어대고 내 의뢰인에게 욕설을 하고, 내게도 가만두지 않겠다는 식의 협박을 하였다.

그는 내 의뢰인의 남동생, 그러니까 그의 처남을 때리고 처남이 운전하는 차의 유리창을 부수어 유리조각이 의뢰인의 각막을 상하게 하는 등 폭력성을 유감없이 발휘하였다.

재판장은 끈질기게 조정을 시도했고, 그때마다 나는 내키지 않는 원거리 재판에 참석할 수밖에 없었으나 조정은 실패하고 결국 내 의뢰인은 패소했다.

나는 무슨 행패를 당할지 모른다는 불안감 속에서 진행해야 하는 재판이 끝나서 안도하였다. 미안한 얘기지만 만약 내 의뢰인이 승소했다면 나는 행패를 당할지 모른다는 불안감을 더 느껴야 했을지 모른다.

민사소송에서도 그런 경험을 하였다. 내 의뢰인은 상대방의 부동산을 몇 번에 걸쳐서 교환해 주는 계약을 체결했는데, 그 결과 상대방은 재산이 거의 없어지는 손실을 입었다.

나는 의뢰인이 혼자서 소송을 하던 중 대리인이 되었는데, 의뢰인 때문에 재산을 날리게 되었다는 이유로 의뢰인에게 강한 적대감을 가지고 있던 상대방은 내게 "당신 자식을 죽여버리겠다."고 협박했다. 나에 대한 협박만도 두려운데 가족까지 해치겠다고 하니 더 이상 소송을 수행할 수 없었다.

그렇지 않아도 기록을 검토한 결과 의뢰인의 행위가 형식적으로는 흠이 없을지 몰라도 결과적으로는 상대방에게 큰 손실을 끼친 것이 틀림없었으므로 나는 의뢰인에게 상대방의 협박 때문에 사임하겠다는 뜻을 알리고 상대방의 분노를 가라앉히도록 화해하는 것이 좋겠다고 말했다.

상대방이 내게 한 말은 적개심의 표현일 뿐 진정으로 나의 자녀를 쫓아다니며 해코지를 할 의도는 없었을 테지만, 아무런 관계도 잘못도 없는 자녀를 끌어들인 행위는 비겁한 것이었다.

소송당사자가 상대방 소송대리인에게 행패를 부리는 사례는 심심치 않게 발생하는 모양이어서, 변호사회에서 사태의 재발방지책을 논의하기에 이르렀다.

그러한 행동들에 심정적으로 동정이 갈 수도 있겠으나, 대리인으로서는 억울하고 불편한 노릇이 아닐 수 없다. 다만 여기서 내가 "죽이겠다"는 말에 너무 민감하게 반응하지 않았는지, 다시 말해서 너무 곧이곧대로 받아들이는 것 아니냐 하는 점은 따져 볼 필요가 있다. 우리가 "죽이겠다", "죽겠다"라는 말을 너무 헤프게 쓰는 것 아니냐는 얘기다.

의뢰인 중에는 "이 소송에서 지면 죽어 버려야겠습니다."라고 하거나 심하면 "상대방도 죽이고 나도 죽는 수밖에 없습니다."라고 하는 경우가 있고, 심지어 법정에서 판사에게 그런 말을 하기도 한다. 내게는 소송을 이기게 해 달라고 독려하는 의미로, 법원에는 억울함을 잘 살펴 달라고 호소하는 의미로 받아들여야겠지만, 단순한 강조 표현을 넘어 협박의 의미가 담긴 듯하여 다소 섬뜩하다. 힘들어 죽겠다, 우스워 죽겠다, 추워 죽겠다 식으로 '죽는다'는 말을 함부로 하면 안 된다고 하시던 아버지의 가르침도 생각난다.

다행히도 아직까지는 자신의 말을 실천에 옮기는 상대방이나 의뢰인을 보지 못했으니, 어쩌면 그런 말을 남발하는 버릇도 거짓말을 쉽사리 하는 습성의 하나에 속할지 모르겠다.

초범은 용서하자

형사사건의 변호사가 피고인을 변호하는 방법은 피고인이 무죄일 때와 유죄일 때로 나누어 볼 수 있다.

무죄라고 주장할 때는, 유죄를 주장하는 검사가 제시하는 증거가 부족하거나 증거의 신빙성이 없어서 피고인을 유죄로 인정하기에는 합리적인 의심의 여지가 있다는 점을 판사에게 납득시켜야 한다. 피고인을 유죄라고 볼 만한 증거가 있긴 하지만 그렇게만 보기에는 의심스러운 점도 있고 그 의심이 무리가 아니라고 판단할 때 판사는 무죄 판결을 선고해야 한다.

그러나 이런 결과를 얻기는 매우 어렵다. 검사가 기소를 할 때는 상당한 정도로 증거가 확보되어 있다는 뜻이므로, 검사가 제시한 증거가 신빙성이 없음을 드러내 보이거나 반대되는 증거를 제시하지 않으면 무죄 판결을 받을 수 없다.

수사기관에서 범행을 시인한 피고인의 진술과 증인의 진

술을 법정에서 번복하면 무죄 판결을 받을 수 있다고 믿는 피고인도 있으나, 법정에서 진술을 번복한다 하여 수사기관에서 한 진술의 가치가 없어지는 것이 아니고 서로 어긋나는 진술 중 어느 쪽을 믿어야 하는가의 문제만 남으므로, 수사기관에서의 진술이 법정 진술에 비하여 객관적으로 불합리하다는 점 및 수사기관에서 사실과 다른 진술을 할 수밖에 없었던 부득이한 사정이 입증되어야 무죄 판결이 가능하다.

피고인이 유죄일 때의 변호는 피고인에 대한 형의 선고를 가볍게 하는 데 집중된다. 형이 가벼우려면 범죄가 가볍다, 범행에 이르게 된 불가피한 사정이 있다, 형을 무겁게 하면 피고인이나 그 가족이 너무나 불쌍한 처지에 놓이게 된다, 피해자가 피고인을 무겁게 처벌함을 원치 않거나 도리어 가볍게 처벌해 달라고 요청한다는 등의 주장을 하여 판사를 납득시킬 필요가 있다. 형을 가볍게 해 달라고 변호할 때 가장 흔히 이용되는 사유는 피고인이 초범이라는 것이다. 두 번도 아니고 처음으로 저지른 범죄이므로 용서할 만하다는 논리는 우리의 일상생활에서 적용되고 있으므로 상당한 호소력이 있다.

부모는 아이의 잘못에 대하여, 교사는 학생의 잘못에 대하여 처음 한 번은 용서하는 게 우리 정서라 할 수 있다. 이러한 관습은 인간은 부족한 존재이므로 누구나 실수할 수 있다는 인식에서 출발하여 첫 번째 실수도 용서하지 않음은 너무 가혹하다는 측은지심에 그 기반을 두고 있다.

첫 잘못은 용서한다는 원칙을 인정에 치우친 나약한 방침이라고 나무랄 것은 아니다. 두 번째 잘못은 용서되지 않으며 그 정도로도 질서유지에 충분하기 때문이다. 형사사건에서 초범을 용서한다는 원칙은 두 번째 범행에 대한 준엄한 처벌의 관행과 어우러짐으로써 보다 합리적이 된다고 할 수 있다.

보통 초범이라서 용서하는 형벌이란 집행유예를 뜻하는데, 그가 집행유예 기간에 범행을 저지르지 않으면 집행유예 형벌은 소멸되나, 같은 기간에 다시 범행을 저지르게 되면 집행유예가 불가능하여 실형을 받게 될 뿐 아니라 유예된 형벌까지 보태어서 살아야 한다. 그러므로 집행유예형이란 피고인으로 하여금 유예된 형벌이 집행되지 않도록 몸가짐을 조심하게 하는 형벌로서 형사정책상으로도 합리적이다.

최근의 엄벌수의 원칙이 집행유예를 제약하는지 모르겠으나, 초범에 대한 집행유예 형벌이란 부당하게 가벼운 처벌이라고 할 수 없으니만큼 초범을 용서하는 원칙만은 가능한 한 유지되기를 바란다.

쓰라린 인간 승리

신문에서 '인간 승리' 기사들을 종종 본다. 그중에는 몇 년간의 법정투쟁 끝에 승소 판결을 얻어낸 사람의 이야기도 있다.

부당한 해고를 당한 사람이 사용주를 상대로 해고무효 확인소송을 제기하여 이겼다든지, 공권력에 권리를 침해당한 사람이 행정소송이나 손해배상 청구소송에서 승소했다든지, 억울하게 범인으로 지목된 사람이 무죄 판결을 받아냈다든지 하는 사례다. 하나같이 변호사의 도움 없이 혼자서 법전을 뒤지고 법 이론서를 사서 연구하는 어려움을 겪은 끝에 성공을 거두었다는 입지전적 이야기다.

나는 이런 기사를 보면서 그 사람의 노력과 성공에 감탄과 칭송을 보내기보다는 그가 지나친 고통을 자초한 것은 아닌가, 그가 과거의 고난을 잊을 정도로 행복해졌을까 생각하곤 한다. 아울러 우리의 사법제도, 더 좁게는 변호사제도의 미비점을 되짚어 보게 된다.

그가 변호사의 도움을 받지 않고 문제를 해결한 것은 분명 장한 일이나 그의 행동은 병에 걸린 사람이 의사의 치료를 마다하고 혼자 동서양의 의학책을 뒤져가며 의술을 깨우쳐서 자신의 몸을 치료한 것과 다를 바 없으니, 목적에 비추어 지나친 노력이 아니었을까 하는 생각이 든다는 것이다.

물론 그가 스스로 소송방법을 익히겠다고 결심한 데는 변호사를 선임할 돈이 없었다든지 변호사를 믿지 못했다든지 하는 절실한 이유가 있었겠지만 그렇다 해도 법률구조 등의 제도를 적절히 이용했다면 덜 고생스럽게 문제를 해결할 수 있었지 않나 하는 안타까움을 느낀다.

판사로서 재판을 진행할 때 전문가가 나서면 쉽게 풀릴 소송을 고집스럽게 혼자 해 보겠다고 하는 당사자들을 자주 보았기에 더 답답하고 안타까워지는지도 모르겠다.

법률가의 자격은

사법시험 응시 자격을 법과대학 졸업생만으로 제한하느냐를 두고 논쟁이 이어져 왔다. 법과대학원 졸업생으로 정해진 듯한 지금도 과연 예외를 인정하지 않을 것이냐의 문제가 사라지지 않은 것 같다.

지금까지는 제한론자가 계속 패배했다. 다른 사람의 응시 기회를 박탈함은 평등권을 침해한다는 주장이 국민의 지지를 받아, 제한론자의 주장은 가진 자들의 이기심의 발로인양 비난의 대상이 되었기 때문이라 하겠다.

그러나 사법시험 응시 자격 문제는 운전면허 시험이 누구에게나 개방되어야 하는 것과는 다른 측면에서 논의해야 한다. 왜냐하면 사법시험 합격자가 변호사 자격을 얻고 이들 중에서 판사와 검사를 뽑는 제도 아래서 판검사의 자격 요건으로 일정한 경력을 요구함은 지나친 것이 아니라 꼭 필요할 수도 있기 때문이다(따라서 위의 논의를 판사·검사 임용자에게 요구되는 자격 문제로 바꿀 수 있을 것이다.).

이 문제를 풀어서 말하면 대학교를 졸업하지 않아도, 혹은 법과대학 아닌 대학교를 졸업해도 사법시험 응시 자격을 주느냐 하는 문제인데, 제한론자인 나의 주장은 다음과 같다.

첫째, 응시 자격을 대학 재학생 이상으로 제한함이 옳다. 고등교육의 기회가 모든 이에게 충분히 주어지지 않았던 과거에 초등학교 졸업자 중에서 훌륭한 법조인이 배출되었다는 사례는 여건이 달라진 지금 적용하기가 적당치 않다.

둘째, 대학 중에서도 법과대학 재학생과 졸업생만으로 제한해야 한다. 법과대학의 커리큘럼은 시험 과목 말고도 법과 관련되거나 연관이 별로 없는 많은 과목들로 이루어져 있다. 또 대학 생활은 강의를 듣고 공부하는 일뿐 아니라 특강, 그룹 활동, 모의재판, 선후배와의 교류 등이 소중한 일부를 이룬다. 내 경험으로는 학생시위와 거기서 하는 선배들의 연설, 법과대학교 건물 앞에 매달려 있던 정의의 종을 바라보는 것 등이 모두 나를 법조인으로 길러낸 밑거름이 되었다.

무릇 시험이란 한 사람이 지닌 지식의 양과 질, 판단력의 극히 일부를 측정할 수 있을 따름이므로 시험으로는 판별할 수 없는 부분을 자격 요건으로 요구할 수 있는데, 그 요건이 바로 법과대학을 다닌 경력이라고 보는 것이다. 이는 다른 대략의 숱한 학생들이 전공을 외면한 채 사법시험 준비에 몰두하는 인력 낭비를 막는 방책이기도 하다.

이는 의사 자격으로 의과대학 졸업을 요구하는 것과 같다고 보면 납득하기가 쉽겠다. 수많은 실험 실습을 거쳐야 하는 의과대학을 다니지 않은 사람이 설사 의사시험에 합격할 수 있다 해도 그에게 의사 자격을 줄 수는 없듯이, 법과대학을 다니지 않은 사람에게 법조인 자격을 주어서는 안 된다. 의사가 사람 목숨을 다룬다면 법관은 사람의 목숨과 인권과 재산을 다루는 만큼 자격 또한 엄격히 제한할 이유가 있는 것이다.

출신이 능력인가

　현재 활동하는 변호사는 그 자격을 취득한 시험을 기준으로 사법시험(그 이전의 고등고시 사법과 포함) 출신자와 법무관시험 출신자로 나눌 수 있다.

　법무관시험이란 군사법원의 판사이거나 검사인 법무관을 뽑는 시험이다. 10년간 법무관으로 일하면 변호사 자격이 부여되므로 더 승진할 사람이 아니면 대체로 군복을 벗고 변호사로 활동한다.

　사법시험 출신자를 다시 나눈다면 검찰에 들어가서 검사를 하다가 개업하는 사람, 법원에서 판사를 하다가 개업하는 사람, 검사나 판사로 근무하지 않고 처음부터 변호사를 하는 사람이 있다.

　변호사의 자격은 동일하므로 출신이 무엇이든지 모든 민사·형사·가사·행정·군사 사건의 대리인, 변호인이 될 수 있으나 자신의 출신에 따라 처리가 용이하다고 느끼는 사건이 있을 수 있다. 또 의뢰인의 처지에서 어떤 출신의 변호사가 유리하겠다고 생각할 수도 있다. 예를 들면 민사·가사·행정 사건의 경우에는 판사 출신을 선호하고 형사사건, 특히 수사 중인 사건의 경우에는 검사 출신을, 군사사건에서는 군법무관 출신 변호사를 선호하는 경향이 있다.

이렇게 보면 검찰이나 법원 경력이 없는 이른바 '연수원 출신' 변호사는 당사자들의 선호에서 빠져 있음을 알 수 있는데, 실제로 의뢰인들은 실무 경험이 없음을 이유로 연수원 출신 변호사를 못 미더워하는 경향이 있다. 해당 변호사의 처지에서는 자못 억울한 대우를 받는 셈이다. 실무 경험이 결정적으로 도움이 되는 사건도 있겠으나 대개는 변호사 자격을 취득하게 한 능력만으로 처리가 가능하며, 이때 필요한 것은 성실함과 책임감이지 경력이 아니기 때문이다.

실무 경험이 부족한 변호사가 이를 극복하고자 치열하게 노력함으로써 경력 있는 변호사 못지않은 명성을 얻을 수도 있다. 법무관 출신으로서 특별검사를 맡았던 김진흥 변호사가 그런 예이다. 민사나 형사 소송을 꼼꼼히 수행하기로 널리 알려진 그는 변호사들의 연구모임인 판례연구회에서도 성실하기로 으뜸갈 정도이다.

출신 학교 때문에 차별을 받는 일이 없는 실력 위주의 사회가 바람직하다면 변호사업계에서도 출신을 따지는 풍토는 사라져야 옳다. 다만 변호사의 참된 능력을 일반인이 제대로 알아보게 할 쉬운 방법이 없다는 점이 답답하다면 답답한 일이다.

책 쓰는 판사

나의 대학교 동기동창 중에는 사법시험이나 행정고시, 외무고시에 합격한 사람, 대학교수가 된 사람, 회사원이 된 사람이 있고 사업가도 있으며 심지어 승려, 목사, 신부도 있다.

대학교수가 된 사람 중에는 처음부터 교수를 목표로 한 사람과 시험 준비를 하다가 목표를 바꾼 사람이 있는가 하면 양창수 교수처럼 사법시험에 합격하여 판사 생활을 얼마간 하다가 대학으로 간 사람도 있다.

내가 대학교에 다닐 때도 이시윤 교수처럼 판사 직에 있으면서 교수를 겸한 사람, 강구진 교수와 송상현 교수처럼 사법시험에 합격하여 판사나 변호사를 거친 후 교수가 된 사람이 있었다.

과목에 따라서는 판사 · 변호사로서 법조 실무를 경험한 사람이 강의하기에 적합하다고 평가되는 것이 있었는데, 예컨대 형사소송법, 민사소송법과 같이 실무와 관련된 과목이 그것이고 특히 민사소송법이 그러했다. 민사소송을 규율하는 민사소송법을 실무 경험 없는 교수로부터 강의 받는 것이 어쩐지 공허한 느낌을 주었음을 고백하지 않을 수 없다.

판사든 법학교수든 법 이론을 연구할 필요가 있음은 마찬가지이나 그 깊이와 폭은 다를 수밖에 없다. 법학교수는 그가 택한 분야의 이론을 깊고 넓게 연구할 필요가 있는 반면 판사는 그가 담당하는 사건, 혹은 판사라면 누구나 담당하게 되는 보편적인 사건에 관한 이론만 연구하면 충분하고 사건 해결에 필요한 이상으로 깊이 들어갈 이유는 없다고 할 수 있다.

만일 그가 더 넓고도 깊은 연구를 하고 싶다면 법원에 남아 있어서는 안 되고 교수로 전업함이 마땅하다. 판사의 임무에 충실하면서 넓고 깊게 연구하기는 불가능하며, 반대로 그가 교수가 되기에 충분할 정도로 연구에 몰두했다면 판사로서의 직무수행에 충실했는지 의문이 들기 때문이다.

법원에는 예전부터 책 쓰는 판사의 판결엔 문제가 있다는 말이 있다. 대법원에서 대법관의 업무를 보좌하는 재판연구관이 민법 교과서를 쓰느라 법원 일을 소홀히 하는 바람에 대법관의 신뢰를 잃었다는 사례도 널리 알려졌다. 책을 쓰다 보면 재판기록 검토에 쓰는 시간이 줄어들 수밖에 없고, 검토가 제대로 되지 않은 사건에서 실수가 나올 확률이 높음은 당연한 이치다.

전국의 사건이 다 모이는 대법원이니 대법관들은 어느 판사가 맡은 사건은 믿을 만하다, 어느 판사가 맡은 사건은 믿을 수 없다는 판단을 하게 되고, 그 결과 책 쓰는 판사의 판결은 믿을 수 없다는 평판이 생겨 퍼져 나간 것이다.

책을 쓸 만큼 이론가에 해당하는 판사의 결함으로 지적되는 또 다른 점은 자신이 신봉하는 이론 전개에 치중함으로써 당해 사건의 바람직한 결론과는 다른 방향으로 나갈 위험이 있다는 것이다.

무릇 법률이나 법해석에 관한 이론이란 당사자들의 이해가 충돌할 경우 누구에게 권리를 부여하고 누구에게 의무를 부과해야 합리적이고 정의에 부합하는지를 가리기 위하여 존재하는 것일진대, 누구나 수긍할 수 있는 결론에 도달하기 위하여 이론이 적용되어야 하는 것이지 이론을 적용하기 위하여 결론이 희생되어서는 안 되겠기 때문이다.

따라서 훌륭한 이론가가 훌륭한 판사라는 등식은 성립되지 않으며, 성실하게 재판을 하는 가운데 쌓인 지식을 모아 작성한 자그마한 논문이야말로 알맹이 있는 작품이라고 하겠다.

한편, 판사를 하다가 더 깊은 연구를 하기 위하여 교수로
전직한 사람들은 대체로 교수로서 제 몫을 다하고 있으니,
갈 길을 제대로 걷고 있는 것이 아닐 수 없다.

법조인의 왕자병

윤상림이라는 브로커가 TV 화면과 신문 지상을 부지런히 오르내리자 그와 관계를 맺었다는 법조인들이 불안에 싸인 적이 있다. 그 원인은 법조인의 왕자병이다.

사법시험 합격자 수가 적어서 법조인이 선망의 대상이던 시절, 시험에 합격하는 그날로 주위의 대접이 달라지고, 보잘것없는 집안에 상관없이 재산이 많거나 지위가 높은 한다 하는 가문에서 청혼을 해 오기까지 하니 법조인은 자기도 모르는 사이에 우쭐하게 되기 십상이며, 남들로부터 융숭한 대접을 받는 데 익숙해졌다. 그러다 보니 누가 접근해 밥을 사겠다 술을 사겠다 골프 치자고 모시러 오면 나를 우러러보아서 그러는 것이거니 하고 별 생각 없이 받아들이곤 했다.

하지만 요즘 세상에 사법시험 합격했다 해서 아무런 잇속 없이 법조인을 떠받들 어리석은 위인은 없다는 것을 왜들 모를꼬. 조선 시대에야 소위 출입을 한다 하여 밥술깨나 먹는 사람들은 관직에 있는 사람과 알고 지내는 것을 개인적 영광이자 집안의 자랑으로 알았고, 그래서 과거에 급제한 사람들과 밥 한 끼 먹는 일을 마다하지 않았다지만, 요새 그런 일을 하는 작자라면 자신이나 가족 친지가 사건에 연루되어 있어서 청탁을 하려 들거나 적어도 자기 사업에 무슨 일이 생길 것에 대비하여 그 방패막이로 삼고자 하는 것이 틀림없다.

그 작자가 들이미는 청탁이 이치에 어그러짐이 없다면 장히 좋겠으나 십중팔구 꺼림칙한 것이고 보면, 이미 얻어먹은 것이 있어서 그 너절한 청탁을 시원하게 거절할 수 없으니 코 꿰인 송아지 꼴이 아닐 수 없다. 소금 먹은 놈이 물 켠다고, 우리 민족성이 남한테 얻어먹고 나 몰라라 하지 않음을 미덕으로 삼으니 더더욱 그러하다.

사법시험은 어려운 시험으로 치부되는 만큼 거기 합격할 정도라면 제법 머리가 나쁘지 않은 축에 속할 터인데 머리가 좋다는 것과 현명한 것은 다르다고 생각할 수밖에 없는 이유가, 자기에게 조금 이득이 된다 싶으면 판단력이 흐려지는 것을 심심찮게 보아 왔기 때문이다.

부산지방법원 근무 초기에 어느 선배로부터 구 사장이라는 자를 조심하라는 말을 들었다. 아닌 게 아니라 이 사람은 민사재판부에는 얼씬도 하지 않고 형사재판부에만 드나들면서 친밀하게 지내려 하는 티가 역력하였다. 예를 들자면 내가 민사부에 있을 때는 얼씬도 하지 않던 자가 형사부로 가자마자 판사실에 드나들며 재판장에게 접근하여 우리 재판부를 유원지로 초대하였다. 나는 누가 초대하는지도 모르고 따라갔다가 그가 주최하는 모임임을 알고 불쾌하여 우배석(右陪席)판사에게 그만 가자고 권해 자리에서 일어났다. 그자는 그냥 가시냐고 하면서 자신의 차를 타고 가라고 하여 그의 자가용을 탔는데, 운전사에게 당신 사장은 무슨 일을 하느냐—구 사장은 '대종실업 대표'라는 명함을 가지고 다녔는데 무슨 사업인지 알 수 없었다.—고 물으니 자기도 모른다는 것이었다.

당시 부장판사 여럿이 그와 형님 동생 하며 지냈는데, 나중에 들리는 바로는 그자가 법조 브로커 노릇을 하여 변호사법 위반으로 구속됐다가 나오더니 다시 밀수로 구속되었고, 공범은 어느 부장판사의 동생이었다고 했다.

또, 이황순이라는 거물 히로뽕 제조업자가 구속되었을 때 예전 그의 저택에 판사와 검사치고 놀러 가지 않은 사람이 없을 정도였다는 보도도 있었다.

그런가 하면 어느 해 연말에 나의 고교 선배인 검사가 아는 사람 집에서 망년회가 있으니 같이 가자고 권하기에 따라가 보았더니 남부민동의 훌륭한 저택에 십여 명의 젊은 검사들이 모여 있었고, 집주인은 젊은 수산업체 사장이었다. 나는 불청객으로 참석한 셈이었는데 검사들이 그 사람을 어떻게 하여 아는지, 그가 무슨 목적으로 검사들을 저리 많이 초대했는지는 몰라도 검사들이 돈 많은 사업가의 집에 우르르 모여 있는 모습은 썩 좋아 보이지 않았고, 그들의 명예가 손상된 것이 아닌가 하는 느낌을 받았다. 왜냐하면 그 사업가는 다른 사람에게 "내가 검사들을 불러다가 한턱 냈다."고 하여 자기가 재력으로 검사들을 좌지우지한다는 투로 말할 수 있기 때문이었다. 다시 말해서 그날 밤의 풍경은 검사들이 있는 자에게 굴복한 듯한 씁쓸함을 느끼게 했던 것이었다. 무슨 모임인지도 모르고 줄레줄레 따라간 나 자신도 초라해졌다. 가진 것은 보잘것없어도 명예를 중히 여기고 사는 사람이 법조인 아니던가.

영감이란 호칭

직업의 명칭은 그 직업이 무엇인지를 나타내면서 거기 종사하는 이의 자존심을 적절하게 만족시키도록 지어야 한다. 귀한 직업 천한 직업이 따로 없는 것이라면 직업 이름에도 귀한 것 천한 것이 따로 없어야 함이 당연한 이치이다.

그럼에도 불구하고 어떤 이름은 직업을 멸시하거나 자존심을 높여 주지 못하는 것이라고 보기 때문인지 자꾸 바뀌고 있다. 식모가 가정부로, 때밀이가 신체미화원으로, 구두닦이가 구두미화원으로, 청소부가 환경미화원으로, 간호원이 간호부를 거쳐 간호사로 바뀌어 왔다.

그런데 이처럼 명칭이 바뀌는 직업은 대부분이 한때 천시되는 경향이 있던 것들로서, 이름 자체가 문제였다기보다는 옛 이름에서 그 시절의 나쁜 인상이 연상되기 때문에 이름을 바꾸어 기억을 떨쳐 버리려는 의도가 컸다고 보인다.

어머니라는 뜻이 포함된 식모가 이름 자체로 무슨 흉이 되며, 청소부라는 이름 어디에 청소하는 사람을 얕잡아 보는 표현이 들어 있겠는가 말이다. 사람들이 직업을 바라보는 인식이 문제였을 뿐이지.

다행히도 이러한 노력의 결실인지 직업에 대한 시각은 많이 진보한 듯하다. 환경미화원 모집에 대졸자도 많이 모여드는 이유는 안정된 수입 말고도 개선된 직업관 때문이라고 하겠다.

서론은 이쯤 해 두고 본론으로 들어가자. 법관은 아무개 판사, 검찰관은 아무개 검사로 불리는데, 다른 사람들 앞에서 판검사의 신분을 드러냄이 불편하여 쓰던 호칭이 아무개 영감이다.

'영감' 이란 호칭에 대해 젊은 사람을 무슨 영감이라 부르느냐고 예전부터 빈축을 샀으나, 영감은 원래 정삼품과 종이품의 관원을 호칭하는 데서 군수·판검사·국회의원 등을 존대하는 말로 변한 것이고 나이 든 사람을 존대할 때도 '영감' 이라고 부르게 되었으니 위의 비난은 앞뒤가 바뀐 것으로서 적절하지 않다.

나 개인의 느낌으로는 영감이라 불림으로써 존대받는 만큼 행동을 바로 해야 한다는 의무감을 갖게 되어 긍정적 효과가 있었다고 기억한다.

법관은 누구의 간섭도 받지 않고 법과 양심에 따라 재판할 중요한 책무가 있는 만큼 자신의 일에 자부심을 가져야 하니, 영감이란 호칭이 자부심을 부추기는 역할을 한다면 그 호칭의 사용은 나무랄 일이 아닌 것 같다.

　예전에 법관은 출퇴근 시간에 구애받지 않는 풍토가 있었다. 잘못된 구습이라고 보는 이도 있겠지만, 법관의 자유로운 사고를 막지 않으려는 배려로서 나쁠 것 없다고 한다면 건방진 생각일까. 오늘날의 판사는 예전에 비하면 모범적인 회사원처럼 생활하고 있는 셈인데, 그 때문에 옛 사람들이 가졌던 기개가 사라진다면 어쩌면 퇴보라고 할 수도 있다.

법과 여성의 거리

우리 현실에서 법과 여자는 거리가 꽤 멀었다. 내가 법대
에 다닐 때만 해도 학년당 160명 정원에 여학생은 한 명이
있을까 말까 했고, 그나마 시험 쳐서 들어온 사람이 아니라
영문과로부터 전과한 사람이 대부분이었다. 우리 때 단 한
명인 임숙경 양을 우리는 신기하게 바라보았고, 임 양은 그
때문에 매우 피곤한 대학생활을 보냈을 것이다.

사법시험 합격자는 더 귀했다. 사법고시일 때 합격한 사람
이 황윤석 · 이태영 두 분이었고, 사법시험이 되고서는 12회
의 강기원 · 황산성, 13회의 이영애 씨 이후 내가 합격한 16
회까지 여자가 없었다. 그 뒤에도 17회 전효숙, 18회 전수
안 씨 등 한 회에 한둘이다가 합격 정원이 300명이 넘으면
서 여성 합격자가 늘어났다.

여자 판사가 적을 때는 특별한 대우도 받았으나 흔해지자
그런 게 없어졌다. 나도 몇 번 여자 판사를 배석판사로 만났

는데 법관 직이 여성의 섬세함에 어울린다는 느낌을 받았다. 참여주사의 경우 여성이 남성보다 조서 작성을 자세하고도 정확하게, 나아가 깨끗하게 함을 분명히 느꼈다.

법의 적용 대상으로서의 여자, 소송 당사자로서의 여자는 어떠한가.

우리 헌법에 규정된 평등권이란 부당한 이유로 차별을 받지 않을 권리이므로, 여자라는 이유로 남자보다 불이익한 대우를 받아서는 안 된다. 그럼에도 여자는 가족법상 차별을 받아 왔다. 남존여비의 유교적 전통이 헌법 위에 있었던 셈이다.

최근에 호주제 폐지를 끝으로 가족법상의 여자에 대한 부당한 처우는 대체로 시정되었으며, 종중원은 남자에 한정된다는 판례마저 변경됨으로써 남녀 차별이라는 견고하고 오래된 벽이 무너져 내렸다. 제사를 지낼 때 여자는 원칙적으로 참가 자격이 없다든지 남자보다 절을 하는 횟수가 많다든지 하는 이해할 수 없는 풍습도 빨리 없어져야겠다. 여자란 권리는 적고 의무는 많은 존재였고 나도 남자로서 그에 편승하여 반사적 이익을 얻었으나, 내가 여자였다면 분해서 견디기 어려웠을 것 같다.

예전에는 법정에서 재판장이 "여자들은 말이 많아."라는 식의 비하 발언, "다음번엔 여자는 나오지 말아요." 따위의 차별 발언을 하는 일이 종종 있었다.

여자는 나오지 말라고 하는 얘기는 설명이 필요하다. 남자가 당사자인 사건에서 재판장이 양쪽을 설득하여 합의에 도달했다고 생각하는 순간 방청석에서 남자의 처가 "안 돼요."라고 소리치면 남자는 합의에 응할 듯하던 태도를 돌변하여 "그렇게는 할 수 없습니다." 하고 겸연쩍은 표정으로 합의를 거부한다. 이런 일이 드물지 않으므로 재판장은 합의를 시도할 때 장애가 되는 여자가 오지 않기를 바라는 것이다. 내가 보기에도 여자는 남자보다 양보하기를 주저하는 편인 듯하다. 보통의 경제 생활에서는 이러한 태도가 신중함의 미덕이 되겠지만 말이다.

아무튼 법과 여자의 관계는 예전의 소원하고 불편한 관계에서 차차 좋은 쪽으로 발전해 왔다고 본다.

악질적인 채무자

민사소송에서 승소 판결만 받으면 돈을 다 받은 셈이라고 좋아할 순진한 사람은 아마 없을 것이다. 판결받는 것보다 실제로 돈을 받는 과정이 훨씬 어려운 사건이 많기 때문이다.

국가나 공신력 있는 대기업 등은 패소 판결을 받으면 즉시 채무를 임의로 갚겠고 개인이라도 양심적인 채무자는 자발적으로 빚을 갚겠지만, 있는 재산까지 빼돌리는 사람이 적잖다. 어떤 사업가들은 애초부터 모든 재산을 배우자나 친척 명의로 취득하므로 채권자가 억울해하는 일이 많으며 대리인에 지나지 않은 내가 다 화가 날 지경이다.

있는 재산을 빼돌리는 사람에게는 강제집행면탈이라는 형사책임이 따르고, 채권자취소권을 행사하여 재산을 찾아 오는 방법도 있으나, 그것만으로 완전하지는 않으며 애초부터 자기 이름의 재산이 없는 사람에게는 소용도 없다.

웬만한 악질은 자기 몸이 구속되면 어디서 생겼는지 돈을 들고 와서 합의를 간청하며 풀려날 궁리를 하게 마련이다. 그래서 사람들이 민사사건에서도 상대방을 고소하여 구속시키려고 안간힘을 쓰는 것이지만, 몸으로 때우겠다고 나서는 상악질을 만나면 이 또한 통하지 않는다.

그러니 독일처럼 민사채무를 갚지 않아도 처벌을 하는 제도를 두어야 한다는 말이 나오는 것인데, 그럴 날이 올는지, 또 그렇게 하면 고약한 채무자가 줄어들는지 알 수 없는 노릇이다.

원님인지 조폭인지

법정은 재판이 벌어지는 장소이고, 재판이란 진실이 무엇이고 어느 쪽이 정의인가를 가리는 의식이므로 엄숙하게 진행되어야 한다. 그러므로 법정에서 사용하는 언어는 정중하고 예의바른 것이어야 한다.

그런데 이 당연한 원칙이 과거에 잘 지켜지지 않았고 지금도 다 지켜지지는 않는다. 지금의 재판을 조선 시대 원님재판과 같다고 생각한 것인지 당사자를 "야 이자야." 하고 부르는 판사가 1960년대, 70년대에 있었단다. 지금도 당사자나 증인에게 반말을 하는 재판장을 종종 볼 수 있다. 그중에서도 여자 판사가 반말을 하는 것은 특히 보기 싫다.

판사가 당사자나 증인에게 반말을 하는 이유를 알 수는 없으나 두 가지 정도로 추측할 수 있다.

하나는 원님형으로, 재판장의 권위상 반말을 할 수 있다거나 반말을 해야 한다고 생각하는 것이다. 그러나 재판장의 권위란 반말 등 억압적인 방법으로 얻어지는 것이 아니라 정확한 판단을 내림으로써 생기는 것이므로 이런 판사는 시대 착오적인 인물이다. 당사자를 존중하는 판사가 더 존경받고 있잖은가.

또 하나는 조폭형으로, 자기보다 약하다고 생각되는 사람에게 힘을 과시하기 위하여 반말을 하는 습성이다. 변호사 없이 법정에 출석하는 당사자나 증인은 돈 없고 힘없는 사람일 경우가 많으므로 이처럼 만만한 사람들에게는 반말이 제격이라고 생각하는 것이다.

이러한 권위주의적 인간은 절대로 법관이 되어서는 안 된다. 이 같은 인간일수록 자기보다 강한 사람에게는 늑대 만난 개처럼 꼬리를 내리게 마련이어서 억강부약(抑强扶弱 : 강한 것을 누르고 약한 것을 돕는다.)이라는 정의의 원칙과는 정반대의 행태를 보이기 때문이다.

반말하는 습성은 검사가 더 강하다.

내가 연수원 시절 연희동에서 병원을 하는 이모부 댁에서 기거한 적이 있었는데 이모부께서 다음과 같은 얘기를 하셨다. 밀양에선가 폭행 사건의 진단서 문제로 이모부가 참고인으로 검찰청에 소환되었다. 바쁜 시간에 짬을 내어 검찰청에 갔는데 검사가 출타 중이어서 의자에 앉아 기다렸단다. 잠시

후 검사가 들어오더니 이모부를 가리키면서 "누구야." 하고 소리치더라는 것이다(검사가 들어오는데도 이모부가 의자에서 일어서지 않은 것을 불쾌하게 여겼던가 보다.). 이모부의 신분을 알고 나서도 검사가 조사 중에 자꾸 반말을 하자 이모부가 정색을 하고 항의했다. 그러자 검사는 무의식중에 피의자를 대하듯 반말이 나왔다면서 사과를 하더라는 것이다.

이 답변에서 알 수 있듯이 검사는 피의자에게 반말을 예사로 사용하는데, 이것부터가 잘못이다. 피의자와 피고인은 재판에 의하여 유죄로 확정되기 전에는 무죄로 추정된다는 '무죄추정의 원칙'도 있지만, 이 원칙을 들먹일 것도 없이 검사의 반말은 언어 폭력이요 모욕에 해당한다.

의뢰인 중에도 나와 애기하는 중에 어영부영 반말을 사용하는 사람이 있다. 반말을 쓰면 상대방에 대하여 우월감을 느끼는 것인지는 모르겠으나 다시는 만나고 싶지 않은 밥맛 떨어지는 분들이다.

다시 법정용어에 대하여 말하자면 법정용어로는 존댓말을 쓰는 것이 바람직하다.

이와 관련한 부끄러운 기억이 하나 있다. 부산지방법원에 근무할 때 아저씨가 즉결재판에 가게 되었다는 연락을 받았다. 어머니의 고종 사촌 오빠인 권순동 아저씨가 길에다 분

뇨를 버려서 즉결에 회부되었다는 것이다. 권순동 아저씨는
내가 어렸을 때 전북 완주군에서 같은 마을에 살았는데, 살
기가 어려웠는지 부산에까지 오게 되었고, 고향 떠난 사람들
이 흔히 그러하듯 달동네 격인 거제리에 살면서 비가 오자
분뇨처리비를 아끼려고 그랬는지 분뇨를 퍼냈던 모양이었
다. 당시 우리 집에는 아이를 돌봐 주시느라고 어머니가 늘
와 계셨기 때문에 아저씨도 우리 집에 몇 번 왔었고, 따라서
아저씨의 부탁은 어머니를 봐서라도 소홀히 할 수 없었다.

그런데 마침 아저씨가 재판받는 날이 내가 즉결을 맡는 날
이라서 내가 아저씨를 재판하는 곤란한 사태가 생기지 않도
록 아저씨로 하여금 불출석재판을 받도록 해 달라고 부탁하
였다(법원의 즉결 담당 직원에게였는지 거제리의 즉결 담당 경
찰관에게였는지는 기억나지 않는다.).

다음날 나는 서면의 즉결재판소에 가서 일을 시작했다. 즉
결은 경범죄처벌법에 정한 가벼운 범죄에 대하여 가벼운 처
벌을 하는 재판으로 수많은 사건을 짧은 시간에 처리하기 위
하여 매우 신속하게 진행되며, 그 때문인지 피고인 이름을
부를 때도 "아무개" 하고 이름만 부르는 것이 보통이다(형사
재판의 경우에 앞에다 피고인을 붙여서 "피고인 아무개"라고 하
는 것과 다르다.).

나는 습관적으로 피고인 이름을 부르다가 "권순동" 하고
부르고 보니 아저씨가 "예" 하고 대답하면서 나오는 것이 아
닌가. 순간 내 심사는 무척 복잡해졌다. 우선 내 부탁을 묵
살해 버린 사람에 대한 분노가 치밀었고, 아저씨를 이곳에까
지 오게 한 가난과 아저씨의 사려 깊지 못한 행동에 대한 미
움, 법정용어를 적절히 사용하지 못해 아저씨께 결례를 한
나 자신에 대한 부끄러움과 아저씨에 대한 미안함이 어느 것
이 먼저랄 것도 없이 뒤섞여 느껴졌다. 그날 이후 나는 혹시
친척이 피고인이더라도 부끄러움이 없도록 법정에서 정중한
표현을 사용했다.

　즉결재판이 끝난 후 나는 뜻밖에도 아저씨를 재판하게 되
어 당황했다는 것과 그렇게 만든 데 대한 서운함을 담당자에
게 얘기했더니 담당자는 아저씨에게 커피를 대접하며 사과
하였던가 보았다. 내 덕에 대우를 받았다고 말하는 아저씨의
순진함이라니!

재판 없는 날

　법원에 근무할 때 친구나 친지의 전화를 받으면 그의 첫마디는 "오늘은 재판이 없는 모양이네."이고, 내가 그렇다고 대답하면 오늘은 좀 여유가 있겠다, 한가하겠다고 덧붙인다.

　이런 말에는 두 가지의 인식이 들어 있다. 첫째는 판사라면 매일 재판하는 줄 안다는 것이고, 둘째는 재판이 없는 날은 재판하는 날보다 한가롭겠다는 생각이다. 그러나 두 가지 모두 옳지 않다.

　우선, 판사들은 일반인이 생각하는 의미의 재판을 한 주일에 두 번 혹은 세 번 정도 한다. 재판은 그 성질에 따라 준비절차기일, 즉 재판의 전체적인 계획을 수립하는 날들과 조정기일, 법정에서의 전형적이고 전통적인 재판기일의 세 가지로 나눌 수 있다.

　재판 절차에서 가장 중요한 부분은 결론 부분인 판결이고, 앞서 말한 재판은 판결문 작성을 위하여 주장을 정리하고 증거를 제출하는 절차이다. 따라서 법정에서 진행하는 재판이 끝나면 판사는 그 기록을 검토하여 결론을 낸 다음 판결문을 작성하는 것이며, 판결의 선고로 판사의 임무는 끝난다고 할 수 있다.

판사는 사건의 결론을 내리기 위하여 학설과 판례를 찾아 검토하고, 동료들에게 묻거나 그들과 토론을 벌이기도 하며 수많은 견해 중 어느 것을 선택할지 고심하게 되므로 판사가 가장 힘겨워하는 시간은 재판이 끝난 다음이라고 보면 된다. 서초동 중앙지방법원의 판사실들에는 밤늦게까지 불이 켜져 있는데, 그것은 결론을 찾아가는 길을 비추는 불이며 어느 쪽이 진실인지 고심하는 얼굴을 비추는 불이다.

어려운 사건의 판결문을 작성하는 기간에는 어떤 결론을 내려야 할지 고민하느라 무슨 일을 해도 즐겁지 않다. 자다가 깨기도 한다. 남의 고민을 잔뜩 떠맡아야 하는 가혹한 팔자를 판사는 타고난 것인지.

재판하는 요일 중 월요일과 화요일은 판사가 제일 싫어하는 날이다. 판결문을 그 직전에 작성하게 되므로 주말을 가볍고 즐거운 마음으로 지낼 수 없기 때문이다.

이렇게 보면 재판 없는 날은 한가하리라는 생각이 잘못이라는 게 이해될 법도 하다. 그런 날은 다음 재판 날 진행될

일에 관한 기록을 검토하고, 변론이 종결되면 판결을 선고할 기록을 검토한다. 진행되는 사건에 관하여 당사자가 주장을 기재한 서면(준비서면)을 재판일 이전에 제출하면 판사가 미리 검토해야 재판 진행이 순조로워진다. 판결 선고를 위한 기록은 재판장과 주심판사가 미리 검토한 다음 어떤 결론을 내릴지 의논하고, 그 결론에 따라 주심판사가 판결문을 작성한다.

이처럼 재판이 없는 날 판사가 하는 일들은 대체로 머리 아픈 일들이라서, 차라리 재판을 하는 날이 마음 편하다. 그러니 혹시 판사를 친구로 둔 사람이 그를 찾아갔다면 재판이 없는 날이라고 해서 너무 시간을 빼앗지 말 일이고, 그만 가겠노라 일어설 때 친구가 빈말로라도 더 놀다 가라고 하지 않았다 해서 서운해할 일도 아니다. 그 친구는 골치 아픈 판결문을 쓰고 있어서 친구를 반가워할 마음의 여유가 없을지 모르기 때문이다.

2부

법의 길 삶의 길

만경강가를 서성이다

내가 태어나서 자란 곳은 전북 완주군 조촌면과 전주인데, 그중 만경강변이 기억의 가장 많은 부분을 차지하고 있다.

초등학교 1학년 때 동네 아이들의 꼬임에 빠져 들판에서 놀다가 하교 시간에 맞추어 집에 들어갔더니 어떻게 아셨는 지 어머니께서 회초리를 들고 계셨던 일, 『새벗』이라는 어린 이 잡지 한 권을 두고 여학생 이정덕과 서로 사겠다고 하여 선생님이 가위바위보를 시킨 일, 장난으로 진헌이의 신발을 교실 환기구에 넣었다가 너무 깊이 들어가는 바람에 진헌이 누나에게 혼난 일, 그런가 하면 김영진이를 때렸다가 학교에 온 영진이 아버지로부터 뜻밖에도 사이좋게 지내라고 부드 러운 권고를 들은 일(나는 키가 작고 약해서 맞지나 않으면 다 행이었다.) 등이 기억난다.

무엇보다 내 기억의 중심에는 혼자 방천(둑)에 외롭게 서 있는 내가 있다.

아버지는 전주의 작은아버지가 경영하는 약국에 근무하셔서 어쩌다 한 번씩 집에 오셨고, 형은 전주에서 하숙을 하면서 학교에 다녔으며, 동생들은 어렸기에 나와 어울릴 수 없었다. 게다가 우리 동네에는 같은 학년 아이가 없었던 모양이어서 꽤 먼 등하교 길을 늘 혼자 다녔던 것 같다.

　특히 아버지는 우리가 사고를 당할 것을 염려하셨는지 나가 놀 만하면 집에 불러들이셨기 때문에, 나는 시골 아이들이 잘도 하는 개헤엄조차 못 배웠고, 다른 놀이에도 영 젬병이어서 외톨이가 되기 일쑤였다.

　외톨이인 내가 하는 짓이라고는 어둑한 방천 둑에 올라가 별과 별 사이를 움직여 가는 비행기―나는 나중에 생텍쥐페리의 소설에 나오는 비행기가 어릴 적에 본 비행기와 아주 흡사하다고 생각하였다.―를 보거나, 만경강 얕은 물에 들어가서 발바닥에 걸리는 게를 잡거나 하는 일이었다.

　우리 마을 맨 앞에는 외갓집이 크게 자리 잡고 있었다. 외할아버님은 그 일대에서 농토가 가장 넓은 부농으로, 당신은 배운 것이 많지 않아도 교육열이 높아서 용덕초등학교 설립 때 유지의 한 사람으로 참여하셨고, 큰아들을 일본에 유학시키고 둘째, 셋째 아들도 대학교까지 보냈다.

　동네의 다른 집에는 대학생이 없었던 시절이므로 그 교육

열을 짐작할 수 있는데 아쉽게도 남녀평등 의식까지는 충분치 않으셨는지 어머니는 초등학교에도 보내지 않으셔서, 나중에 총명한 어머니를 가르치지 않은 것을 여러 번 뉘우치셨다(어머니는 큰딸이었고 셋째와 넷째 딸은 고등학교까지 보내셨다. 넷째 딸인 막내 이모는 대학교에 열렬히 가고 싶어했는데도 외할아버님이 허락지 않으셨다.). 외할아버님은 큰사위인 아버지를 탐탁지 않게 여기셨기 때문에 덩달아 나도 따뜻한 사랑은 받지 못했다고 느꼈지만, 웬일인지 나는 외할아버님의 귐을 받을 만한 사람이 되자는 각오를 마음에 간직하고 자랐기 때문에 외할아버님은 어머님과 더불어 내 인생의 등댓불과 같은 분이었다고 생각한다.

완주군 조촌면의 용덕초등학교 4학년 때 자식들 교육을 위하여 전주에 살아야겠다는 어머니의 결심으로 전북대학교 앞으로 이사하게 됨에 따라 나는 만경강변을 떠나게 되었는데, 아직도 나는 거의 매일 머릿속에서 만경강변을 서성인다.

만경강변은 훗날 내가 쓴 시편들에도 여러 번 나온다. 그중 하나가 「맨땅」이다.

내가 살던 마을 앞 만경강 한가운데
모래섬이 놓여 있었다.

어두운 밤이면 우리 마을 사는 총각은
이쪽 강물을 건너고, 강 건너 사는 처녀는
저쪽 강물을 건너서 모래섬에서 만났단다.
키가 넘는 물을 헤엄쳐 오느라 온몸이 젖었을 테고,
젖은 몸에 모래알 묻었을 테고, 두 몸 만나는
동안 모래알 숨죽여 빛났을 테고, 나이 어린
갈대는 서로 딴 쪽을 보며 망을 보았을 테고,
달도 차마 구름 속에서 얼굴 내밀지 못했을 테고……

지금은 더러운 물 건너는 이 없으니 모래섬에는
갈대랑 잡풀들 우북하겠지만,
사람 키 만한 터만은 아직 맨땅일 게다.
오랜 비바람도 그 자리 식게 하지
못하였을 테니.
—「맨땅」

언제 어떻게 갚을지

4학년 가을에 금암초등학교로 전학을 갔다.

이사한 첫날 팥죽을 먹고 문밖에 나갔더니 길가 상점들의
불빛에 거리가 환한 데다가 차까지 다니고 있었다. 너무나
밝은 것이 신기하기조차 하였다.

초등학교 들어가기 전에도 전주에 잠깐 산 적이 있으므로
도시 생활이 처음은 아니었으나, 전기가 들어오지 않는 시골
의 등잔불 밑에서 한참 동안 살다가 다시 전깃불을 보니 그
것만으로도 행복할 지경이었다. 만경강변에 살 적에는 외갓
집에 가서 보는 남폿불(램프 불)이 그렇게 밝았는데, 전깃불
은 남폿불과 비교도 되지 않았다.

우리가 살게 된 집은 작은아버지 소유로서 우리 집 형편이
어려우므로 그냥 살게 한 것인데, 이때부터 우리는 작은집
신세를 지게 되고 작은아버지는 내 인생에서 적지 않은 비중
을 차지하게 되었다.

작은아버지는 독학에 가까운 어려움 속에서 서울대 약대를 졸업하고 약국(삼화약국)을 차려 돈을 번 뒤 도매업까지 겸하게 되면서 큰 재산을 이루었다. 그러나 작은아버지가 전북에서 가장 유명한 인사 중 한 분이 된 것은 부자여서라기보다는 학문적 성취를 이루고 나아가 대학교까지 설립했다는 점 때문이었다. 그분은 약국을 경영하는 동시에 모교인 전주고 교사를 하다가 전북대 약대 교수를 하셨고 서울대 약대에서 박사 학위를 받으셨다.

중학교 때 어느 선생님은 수업 시간에 "서정상 박사는 노벨상을 받기 전에는 자가용 자동차를 사지 않겠다고 다짐하였다."라고 하면서 높은 목표를 세운 이의 예로서 작은아버지를 들었을 정도로 작은아버지는 입지전적인 인물의 표본이었다. 또 어느 선생님은 작은아버지가 교사로 있을 때 먼 거리를 자전거를 타고 출퇴근하였음을 강조했다. 작은아버지는 원대한 포부, 불굴의 투지, 초인적인 노력, 지독한 근검의 대명사라고 할 만했다.

그런 한편으로는 노동력을 착취한다, 인색하다는 비난도 있었다.

나는 흔히 서정상 씨의 조카로 소개되곤 했다. 아마 동창생 중에는 부유한 집의 큰집인 우리 집도 의당 넉넉하게 살

2부 법의 길 삶의 길   139

리라고 생각한 사람이 있었을 것이다.

나 개인적으로는 작은아버지에 대하여 여느 사람들과 다른 감정을 가질 수밖에 없었다. 우선 아버지와 작은아버지의 불화 때문에 나는 어려서부터 작은아버지에 대한 비난을 듣고 자랐는데, 그것은 내가 밖에서 듣는 평가와는 사뭇 달랐으나 부분적으로 일리가 있음을 느낄 수 있었다.

그런가 하면 내가 작은아버지를 인생의 은인으로 여길 분명한 이유가 있다. 내 대학 생활은 전적으로 작은아버지 덕택에 가능하였기 때문이다. 등록금과 하숙비를 모두 그분이 부담하였다. 나는 가능하면 신세를 지지 않으려고 아르바이트도 시도했으나 의타심 때문인지 얼마 안 가 흐지부지되었다. 그래도 아버지가 미워하는 작은아버지로부터 도움을 받는 일은 매우 자존심 상하는 일이었기 때문에 한 달에 한 번씩 서울 냉천동에 있는 작은집에 가서 돈을 받는 일은 정말 괴로웠다. 더구나 작은아버지는 무뚝뚝한 분이어서 돈을 주시면서 따뜻한 말 한마디 건네신 적이 없다. 물론 언제나 그런 것은 아니었다.

내가 서울법대에 합격하였다는 소식을 가지고 완산동 우리 집에 오셔서 축하를 해 주셨고, 훗날 내가 전주지방법원 부장판사로 부임하자 법원장과 부장판사들을 초대하여 평소

에 잘 드시지 않는 술을 기꺼이 마시며 즐거워하셨다. 작은
아버지는 공부를 열심히 한 조카가 내심 자랑스러우셨던 모
양이나 내게는 전혀 내색을 하지 않으셨으니 조금은 서운하
고 아쉬운 대목이다.

후에 들은 얘기로 나의 고등학교 졸업식 때 학교로 차를
보내어 집에 타고 가라고 했는데 내가 거절하였고, 작은아버
지는 이를 섭섭하게 생각하셨다는 것이다. 나는 차가 왔다는
사실도 잘 기억나지 않지만, 작은아버지 신세를 가능하면 덜
지려는 내가 그 차 타기를 거부했을 것임은 뻔하다.

아무튼 작은아버지에 대한 애증이 교차하는 가운데도 그
분에게 은혜를 갚아야 한다는 부채 의식이 언제나 무겁게 자
리 잡고 있었음을 고백하지 않을 수 없다. 그 부채를 100분
의 1도 갚지 못했으니 다른 사람에게 베푸는 방법으로라도
갚아야 하는데, 언제 어떻게 갚게 되는지…….

흠치 흠치 나비야

아버지는 결혼 직후 일제가 일으킨 대동아전쟁(태평양전쟁)으로 징집될 운명에 처했다. 호적에 출생신고가 늦게 되어 있기 때문이었다. 전쟁에 나가면 거의 다 죽는 줄 알던 때였기에 아버지는 공포에 떨어야 했고, 더구나 그것이 잘못된 호적 탓이고 보니 기구한 운명에 대한 원망이 클 수밖에 없었다.

징집을 피할 궁리를 하던 아버지는 증조할머니를 통하여 증산교 아류인 '흠치도'라는 종교를 믿게 되었다. 이 종교에서는 "흠치, 흠치, 흠치……."하는 주문을 외우면 사람이 나비로 변한다고 주장했고, 따라서 죽음을 눈앞에 둔 아버지는 죽자 사자 흠치도에 매달리게 되었다. 교리대로라면 우선 징집을 피할 수 있고, 설사 징집이 되더라도 나비로 변해 죽음을 피할 수 있을 것이기 때문이었다.

불행한 일은 아버지가 기도에도 불구하고 규슈 탄광으로

징용된 것이었고, 다행한 일은 살아서 돌아오신 것이었다. 다시 불행한 일은, 신뢰성에 금이 가고 효용도 없어진 그 종교를 아버지가 평생의 신앙으로 간직하셨다는 것이다.

아버지께 들은 말과 주위 사정으로 미루어 보면, 이 종교는 김제 모악산 밑이 본거지로서 곧 천지가 개벽되니 끊임없이 기도하고 또 기도하라는 교리를 가지고 있었다. 아버지는 가끔 자식들에게도 기도하라고 권유하셨는데 "하나님 아버지 살려주십시오."가 기도문이었다.

흠치도 역시 다른 유사종교들처럼 신도들에게 정성스러운 헌금을 요구했을 것이다. 어머니가 그 종교를 혐오하는 가장 큰 이유 중 하나도 그것이었다. 어머니는 늘 아버지가 "갖다 바치지 못해서 한"이라고 푸념하셨다.

어머니가 아버지와 다투시는 일 중 하나는 한약이고 다른 하나는 음식이었다. 아버지는 한약과 한의를 신봉하고 양약과 양의는 배척하였다. 피를 맑게 한다는 이유로 창출(당삽주)이라는 한약재를 가마니째 사서 두고두고 자식들에게 달여 먹였고, 종기가 생겨도 고약에만 의존했기 때문에 나중에는 고약을 떼어 내느라 휘발유로 닦는 바람에 종기가 덧나기도 하였다. 내가 중학교 입학시험을 치를 때는 그 때문에 머리를 붕대로 칭칭 감고 다녔다.

어머니는 지겹도록 한약을 달여야 했고, 우리도 시꺼먼 한약이라면 질릴 지경이었다. 내가 커피를 마시지 않는 것은 한약과 빛깔이 비슷하기 때문이기도 하지 않을까 생각할 정도다.

음식 문제도 큰 괴로움이었다. 아버지가 같은 종교를 믿는 무면허 한의사의 충고대로 돼지고기를 먹지 마라, 닭고기가 좋지 않다, 사과가 몸에 나쁘다는 등 음식을 심하게 가렸기 때문이다. 게다가 해롭다는 음식이 자꾸 바뀌어서 어제까지 아무 말 없던 음식을 오늘은 못 먹게 하곤 했다.

한 가지 수긍할 수 있는 것이라고는 인공조미료를 나쁘다고 하는 것이었는데, 어머니는 일정 때부터 다들 먹어 온 것을 왜 나쁘다 하느냐고 불만이셨고 몰래 조금씩 사용하셨다.

아버지가 믿으시던 종교의 핵심은 개벽에 있었을 것이다. 아버지는 개벽이 와서 당신과 작은아버지의 신세가 정반대로 바뀌는 꼴을 꼭 보고 싶었던 것이 아닐까.

내 짐작으로는 기독교의 어느 사이비 교파에서 휴거의 시기를 자꾸 늦추었던 것처럼 개벽의 시간도 수없이 미루어졌을 듯한데, 아버지처럼 끝까지 개벽을 믿다가 돌아가신 신도는 별로 없을 것 같다. 내가 대학교 때 방학이 끝나 서울로 갈 때면 아버지는 "이제 곧 몸이 아파도 몇 발짝을 갈 수 없는 때가 올 테니 그때에 대비하여 가져가라."면서 환약, 굼벵이 등속을 짐 속에 넣어 주셨고, 나는 그것을 버리기에 바빴다.

내친김에 한 가지 더 얘기하자면 흠치도는 개벽을 믿느니만큼 아등바등 학교 다니는 일을 그다지 중하게 생각지 않아서, 아버지는 내 여동생은 아예 학교에 넣지 않으려고 하여 어머니가 아홉 살에야 겨우 학교에 집어넣었다. 아버지는 형에게도 대학교 갈 것 없이 시계 기술을 배워 시계포를 차리면 잘 살 수 있다고 하시더니, 내가 중학교 갈 무렵에는 날마다 진북중학교—야간의 고등공민학교로 기술을 주로 가르쳤음.—에 진학하라고 매일 밤 나를 세뇌하려 드셨다. 나는 아버지의 생각에 동의하지 않으면서도 고개를 숙인 채 말없이 듣고만 있었는데, 결국 형이나 나나 아버지의 뜻대로 되지는 않았다.

아무튼 한번 신념을 갖게 되면 그것을 관철하려는 성품이 내게 있다면 아버지로부터 물려받은 것일지도 모른다.

무섬증의 기원

　내가 상급 학교에 시험을 치를 때마다 시험 방식이 바뀌곤 했는데, 나와 같은 학년이던 박근혜—박정희 대통령의 딸— 때문이라는 말도 있었다. 중학교 입학 때는 전 과목에서 국어 · 산수로 시험 과목이 줄었고, 대학교 때는 예비고사가 생기는가 하면 대학 시험도 전 과목을 치르게 되었다.

　중학교 때는 성적이 아주 좋은 편은 아니었다. 다만 어학에 소질이 있어서 국어를 가르치신 진한평 선생님에게 칭찬을 듣기도 했고, 영어 시간엔 조수도 선생님이 한 과목을 몽땅 외우는 사람은 시험과 관계없이 영어점수 100점을 준다기에 일어나서 외운 적도 있었다.

　중학교 때 성적이 좋은 아이들 몇은 경기고, 서울고로 진학했지만 나는 그런 것은 꿈도 꾸지 않은 채 전주고등학교엘 갔다. 입학 성적이 꽤 좋아 7등이었고, 등수에 따라 반 배정을 했으므로 1학년 7반이 되었다.

학교 시험은 두 가지로, 전 과목을 치르는 중간고사와 기말고사, 국영수만 치르는 실력고사가 있었다. 실력고사가 진짜 시험으로 인식되어 실력고사 우수자는 강당의 외벽에 붓글씨로 이름이 나붙었다. 이때부터 나는 좋은 성적을 올리게 되었다. 3학년 때는 이임성이란 친구와 늘 1, 2등을 한 것 같다. 당시 법대 시험은 문과 쪽 과목만 봤었는데 3학년 중간에 느닷없이 전 과목으로 바뀌어 생물·물리·화학·지학 등이 추가되었기 때문에 이과 체질인 임성이가 전보다 좋은 성적을 내게 되었다.

　참으로 단조로운 시절이었던 것이, 일요일에도 학교에 가서 공부하는 적이 많았다. 학교 도서관보다 교실을 더 좋아했던 것 같다. 자유로웠기 때문일까.

　3학년 가을에 우리 반 조양원이 학교에 불을 내는 바람에 완공도 안 된 신축 교사에서 공부하게 되었다. 불 내기 전의 양원이는 일요일에 교실에 나온 적이 많았던 것으로 기억되며 그가 교련용 목총을 가지고 찌르는 동작을 하는 것을 보고 내심 이상하게 생각했었다. 자기 말로는 경희대 법대를 지망했다는데, 공부가 뜻대로 안 되고 집안 형편도 나빠서 불만이 커졌던 것 같다.

　내가 대학교에 입학한 후 양원이로부터 편지를 받은 일이 있는데, 그 때문에 신문기자가 나를 만나자고 한 적도 있다.

나는 고등학교를 마칠 때까지 외식을 단 한 번(시골에 살던 초등학교 때 어머니 따라 전주에 가서 작은어머니가 우동을 사주심.) 했고, 목욕과 이발도 언제나 집에서 했다. 고등학교 때의 우울한 기억은 부모의 불화였다.

아버지가 직업 없이 집에 계실 때라서 화풀이를 어머니에게 하였기 때문이 아닌가 생각되는데, 여하튼 매일이다시피 아버지가 어머니에게 손찌검을 했고 어머니의 흐느낌으로 싸움이 끝나는 것이었으니 나의 고통도 적지 않았다. 어머니가 견디지 못하여 작은집으로 피신했던 며칠은 공부고 뭐고 아무 의욕 없이 어깨를 늘어뜨리고 다녔는데, 담임이신 형영우 선생님이 이유는 묻지 않고 "기운 내, 임마." 하고 격려하신 것이 고마워 다소 기운을 차렸다.

한번은 내가 아버지 앞에서 도끼를 들고 "집안을 시끄럽게 하는 놈은 가만두지 않겠다."고 소리쳐 아버지를 어리둥절하게 한 적도 있고, 아버지가 계원들과 제주도 여행을 갔을 때는 제발 무슨 사고라도 났으면 하고 진심으로 바라기도 했다. 어머니는 가끔 아들들에게 "너희만 아니었으면 벌써 너희 아버지와 헤어졌을 텐데." 하고 푸념하셔서 나는 내가 어머니의 행복에 장애물이 된 것이 죄스러웠다. 아버지와 어머니는 거의 말년까지 그렇게 사셨다.

이런 사정 때문에 가지게 되었다고 나 스스로 믿는 특이한 정서가 있다. 하나는 어른에 대한 공포이고, 또 하나는 다투는 소리에 대한 공포이다.

부부싸움이 아니더라도 아버지는 내게 공포의 대상이었다. 어머니 말씀에 의하면 아버지는 자식들을 한 번도 안아 준 적이 없었다. 게다가 자식들이 잘못이라도 하게 되면 무서운 얼굴을 하고 큰소리를 질러서 아이를 울렸고, 울면 또 빨리 그치라고 호통을 쳤다.

예를 들어 우산을 잃고 들어왔을 때는 "이 먹어죽이 같은 놈아! 어디서 잃어 버리고 댕겨, 이 곰 같은 놈아." 하고 이를 악물고 야단을 치시니 무서워서 울지 않을 도리가 없었고, 이때 다시 "얼른 뚝 안 그쳐? 이놈의 새끼야." 하고 소리를 지르면 울음을 삼킬 도리밖에 없었다.

그러다 보니 어른에 대한 무섭증이 생겨서 선생님과 가까이하는 것도 두렵게 생각되었다. 또 부부싸움이 시작되면 집 안이 공포에 싸이다 보니 다른 사람이 싸우는 듯한 소리만 들어도 내 가슴은 심하게 두근거리게 되었다.

아버지는 2004년 1월 27일 83세로 돌아가셨다.

어머니가 2000년경부터 치매 증세를 보이셔서 간병인 겸 가정부로 60대의 할머니가 부모님 집에 들어왔었다. 그러다 어머니의 증세가 심해지자 새로 문을 연 군산 봉정요양원에 모셨고, 건강하신 아버지도 함께 가서 사셨다.

실은 어머니가 치매에 걸리시리라고는 전혀 생각지 못했으며, 아버지가 먼저 돌아가시리라고도 예상치 못했었다. 아버지는 건강에 이상이 왔다고 한 후 1주일도 못 되어 돌아가셨기 때문에 성함(서정복)처럼 복도 많은 분이라는 말을 들었다. 어머니는 요양원에서 4년간 고생하신 끝에 2007년 1월 86세로 돌아가셨다.

나는 아버지에게 애증의 감정이 있는 중에도 뒤편이 많기에 돌아가셔도 슬프지 않을 것이라고 생각했다. 슬퍼하지 말자고 다짐하거나 슬퍼할 이유가 없다고 핑계를 대었는지도 모르겠다.

그런데 돌아가셨다는 소식을 듣고 전주에 내려가서 영안실에 걸린 사진을 보니, 아무리 사랑하지 않던 아버지라 해도 이제는 다시 볼 수 없다는 사실이 나를 슬프게 하고 느닷없이 울게 만들었다.

그때 우러난 시가 「아버지의 영정」으로 법률 전문지인 『법조』에 게재되었다.

아버지께서 부르신다기에
급히 전북대병원 장례식장
천실에 들어섰습니다.

국화꽃 위 높은 곳에
당신은 웃고 계셨습니다.

노상 웃을 일만은 아니었던 이 세상에서
손해날 것 하나 없이
웃고 계셨습니다.

손주들과 사는 것이 좋았던 것인가요.
사진관 아저씨가 할아버님 살짝 웃으세요
네 좋습니다, 가만히 계세요
했던 것인가요.

하마터면 저도 따라 웃으려다가
더 이상 이 세상,
누가 말했듯 비 오고 해 지는 이 세상에서는

당신을 만날 수 없다는 생각에
크게 슬퍼졌습니다.
제 어깨 몹시 흔들렸습니다.

시방 당신이 가신 세상에서는
그냥 계속 웃으셔도 될 테지요.

당신이 노상 걱정하시던 사고도 없고
당신이 늘 한탄하시던
몹쓸 음식도 없을 테니까요.

하여 지금쯤, 아버지
그 무거운 석관 빠져나와
모악산 구름 위로 훌쩍 오르셔서
우리 오남매 머리 위로
따스한 햇살이 되어
내내 비추어 주실 건가요.
　　　　—「아버지의 영정(影幀)」

목재의 삶을 택하다

이임성은 전주고에 수석 입학한 친구로 수학과 과학 쪽에 재능이 있었고, 특히 수학에는 빼어난 성적을 올렸다. 얼마나 수학을 좋아했느냐 하면 교양과정부라고 불리던 대학교 1학년 때 이과생들이나 선택하는 수학A를 수강할 정도였다. 아마도 자기 뜻대로 진학할 수 있었다면 수학과에 가서 뛰어난 학자가 되었을 것이다.

이 친구는 대학에 가서 처음 말을 나눈 사이인데, 좀 날카로운 인상과 달리 매우 부드럽고 수줍은 성격을 지녔다. 아버지가 전기 기술자로 지방의 공사장에 다니는 어려운 가정 형편이었고 역시 가난한 작은아버지 집에서 대학교를 다녔다. 나도 전농동의 움막집(임성이의 작은집)에서 임성이와 함께 얼마간을 지낸 적이 있다. 같이 바둑도 두고 당구를 치기도 했는데 당구는 둘 다 서툴러서 게임 시간이 지날수록 남은 당구알 수가 늘어나던 기억이 난다.

양재호는 나와 초등학교, 중학교, 고등학교, 대학교 모두 동창이다. 초등학교에서 고등학교에 이르기까지 반장을 여러 번 할 만큼 지도력이 있었다. 아버지가 교도소에서 근무하는 하급 공무원이어서 생활이 넉넉지는 않았으나, 당시 변두리 학교에 속했던 금암초등학교 학생 중에선 그나마 집안 형편이 안정된 편이었을 것이다.

재호는 이발도 교도소에 가서 하더니 교도소와 관련 있는 검사가 되었고, 지도력을 살려 민선 구청장을 지냈으며, 그 후에도 국회의원의 꿈을 가지고 있다. 지독한 노력파로, 초등학교 때 쉴 새 없이 무언가를 중얼중얼 외우면서 한쪽 다리를 다른 쪽 다리에 번갈아 문지르던 특이한 습관이 생각난다.

그와도 원남동에서 함께 하숙을 했는데, 어느 날 임성이와 셋이 모여 얘기를 하다 보니 셋 다 시를 좋아하고 쓰고 싶어 한다는 사실을 알았다. 시의 성향은 모두 달랐다. 임성이는 수학자답게 도시적이고 현대적인 날카로움을 보였고, 재호는 남성적인 외모와 정치 취향에 어울리게 무겁고 완강한 인상을 풍겼으며, 나는 원시적인 부드러움을 선호했다. 그래서 내가 성품에 따라 호를 붙인다면 임성이는 '철재(鐵才)', 재호는 '석재(石才)', 나는 '목재(木才)'가 좋겠다

했더니 그들도 이견이 없었다(지금 와 생각하니 호에 쓰는 '재' 자는 집을 뜻하는 '齋' 가 더 어울릴 법하다.).

우리의 대학 생활은 데모—휴교—개교—데모—휴교—개교의 연속이었다. 절반은 전주에 내려가 개교 소식을 기다리며 보냈다 해도 지나친 말이 아니다. 그도 그럴 것이, 박정희 독재에 대한 국민의 저항이 거세어지자 탄압 또한 심해지던 무렵이었고 대학생들, 특히 정의를 배운다는 법대생들은 이를 그냥 두고 보지 않았기 때문이다.

선배들 중 장기표, 이신범 같은 이들은 어떤 탄압에도 머리를 수그리지 않는 신화적 존재로 비쳤다. 학생회 간부였던 재호도 신민당사 진입 사건 당사자의 하나로 수배되어 도망 다녔다. 그 고통을 내가 겪어 보지는 못했으나, 돌처럼 단단했던 재호가 폐결핵에 걸린 것을 보면 막연하나마 짐작은 할 수 있다. 친구 권경현(후에 교보생명, 교보문고 대표이사를 지냈다.)이 수유리 자취방에 한동안 재호를 숨겨 준 일이 기억난다.

독재자 때문에 하숙집들도 피해가 컸을 것이다. 하숙 쳐서 겨우 먹고 사는 처지에 걸핏하면 학생들이 집에 내려가니 하숙비를 절반만 받고 어떻게 살 수 있었는지 모르겠다. 그 때문인지 나중에는 하숙생의 짐만 남아 있어도 보관료를 받는다는 말을 들었다.

명곤이로 본 세상

대학 시절 알게 된 친구 중에 김명곤이 있다. 2005년 12까지 국립극장 극장장을 지내고 지금은 문광부 장관이다. 나는 그가 국립극장장이 됐을 때 세상이 변했으며 그 변화가 매우 긍정적인 것임을 실감할 수 있었다.

그와의 인연은 대학교 때 시작됐다. 친구 양재호를 통하여 서울대학교 사범대학 독어과생인 고등학교 1년 후배 김명곤을 알게 된 것이다. 그는 어찌 보면 외모, 목소리, 예술에 대한 호감에서 나와 비슷한 점이 많아 서로 끌렸던 듯한데, 예술에 대한 재능과 열정이나 생각과 행동의 자유분방함에서야 명곤이가 비할 수 없이 높고 강했다. 다만 명곤이에게 나쁜 것은 집안이 가난하다는 점, 그것도 지나치게 가난하다는 점이었고, 더 나쁜 것은 그러면서도 연극을 좋아한다는 것이었다.

명곤이는 어찌어찌 학비는 마련했던가 보았으나 하숙비가 없어서 나를 포함한 친구나 선배의 하숙방을 며칠씩 전전하기도 했다. 식사도 제대로 못하고 살았을 것이어서 매우 파리하고 초라한 행색을 하고 다녔는데, 그러면서도 무슨 연극 워크숍에 참가하고 싶다 하여 내가 참가비를 얼마인가 보탠 적이 있다. 나 자신 작은아버지의 도움으로 생활하고 있어 여유가 거의 없었지만 연극에 대한 그의 열망이 그만큼 뜨거웠던 성싶다. 그때의 고단한 생활 탓에 결핵에 걸려 고생하기도 했는데, 이 점은 양재호와 어찌 그리 똑같은지!

명곤이는 그후 아리랑이라는 극단을 만들어 수많은 공연으로 열정을 사르면서 사회 비판까지 하느라 당국의 핍박도 받았다. 이런 그가 세상이 바뀌어 문광부 장관까지 하는 것을 보자니, 능력 있는 사람이 제 자리를 얻는 세상이 되었다는 감동과 어제의 범법자가 오늘의 주류가 되었다는 감회가 새삼스럽다.

정념의 문을 끄르고

대학교 3학년 초여름 무렵 동숭동의 하숙집에서 낮잠을 자고 있을 때 태신이가 깨우더니 미팅에 나가자고 한다. 자다가 봉창 두드리는 소리지, 미팅이란 1, 2학년 때나 하는 것 아닌가. 더구나 법대 3학년이면 사법시험 공부(보통은 고시 공부라고 불렀다. 고시라는 용어가 없어진 지 십여 년이 지났건만.)를 한다고 바쁠 땐데. 태신이의 말인즉 자기가 주선한 미팅에 누가 갑자기 빠지게 됐다는 것이다. 정태신은 광주일고를 졸업한 법대 동기생이며 같은 집 같은 방에서 하숙을 하고 있는, 말하자면 동기생이며 동거인이다. 바이올린을 켜는 섬세한 성품으로 박목월이 작사한 「이별의 노래」 3절과 4절("한낮이 지나면 밤이 오듯이 우리의 사랑도 저물었네⋯⋯. 촛불을 밝혀 놓고 밤새 울리라.")을 좋아하는 점에서 나와 통하는지라 그 부탁을 들어주고 싶었다.

주섬주섬 옷을 걸치고 나간 자리에서 만난 파트너가 지금의 내 아내다. 이화여대 의예과 신입생이었는데 둥근 얼굴에 순한 눈매가 꼭 내가 좋아하는 여성의 모습이었다.

여름 방학이 되어 전주에 내려가서 그녀를 생각하며 쓴 시가 「비오는 날」이다. 난생 처음 쓴 시였지만 내 생각으로는 괜찮게 썼다 싶어 『대학신문』에 투고했더니 게재되었고 원고료로 500원을 받았다. 내가 무슨 문학도인 양 그 돈으로 시 전문 월간지(『현대시학』이었던가?)를 샀더니 친구들이 한턱 내지 않는다고 핀잔을 하였다.

감대를 잘게 빗질하는 비
나뭇잎들이 커다란 목소리로 이야기를 시작하고
세상에 불꽃이 꺼지면 떠다니던
생각들이 차례로 그리운 詩가 된다

사람들은 조심스럽게 잘 씻긴 돌들을 디디며 가고
나는 턱을 고이고 지난 여름의 잘 마른 햇빛을 생각한다

아직은 혼자인 나의 사랑
비를 좋아한다는 女子의 음성이 빗줄기를 타고 내려
내 굳게 잠갔던 정념의 문을 끄르고 환호하며 내닫는다

참으로 위험했던 지난날
所重한 練習이 끝나는 다리 위에서
낡은 포켓을 털어 서글픈 幼年을 하나씩 물에 띄운다

우리는 어둠속에서 이미 구원을 예감하였으니
예비하라, 맑은 날을 위해
무지개처럼 드리운 작은 웃음을.
—「비 오는 날」

사법고시에 들다

학교 얘기를 더 하자면, 3학년 때까지 나는 공부를 별로 하지 않았다. 학교가 불안정한 데다가 친구들과 노는 재미에 빠지기까지 했으니 말이다. 정태신, 하명래 등 동기들과 하숙집에서 카드 놀이 하랴 바둑 두랴 정신없이 놀다 지쳐 코피를 쏟은 적도 있다. 공부 때문에 코피가 난 적은 없었다. 방학이 되면 선배들이 그랬던 것처럼 절이나 재실에 들어갔는데, 그런 때나 공부를 조금 한 것 같다.

교양과정부라 불리던 1학년은 서울대생 거의 전부가 공대 옆 공릉동에 한데 모여 지냈다. 황토 흙이 풀풀 날리는 벌판에 덩그러니 선 강의동, 배밭 옆의 하숙집들. 밤이 되면 어두컴컴한 시골과 다름없던 대학촌이었다.

계열별로 반이 구성되었는데, 이를테면 어문계열·사회계열·교육계열 등으로 나누어 몇 개의 반을 만들었고, 법대·상대와 농대의 농경제학과를 사회계열 B반으로 했다. 내가 속한 LB반 7반은 남학생 일색이었다.

2학년이 되면서 동숭동 법대 생활을 시작했다. 대개는 공부와 시위 사이에서 조금씩 갈등하게 마련이었고, 이는 사법시험 준비냐 사회운동이냐 하는 갈림길로 이어지는 것이었다.

나는 절대 데모에 앞장서지 말라는 아버지의 당부도 있었지만 우리 집 형편상 빨리 시험에 합격하지 않으면 안 된다는 자기변명을 하면서 비겁해질 수밖에 없었다. 그런 가운데서도 간혹 시위에 참가하고 선거 때는 다른 학생들과 함께 야당 참관인을 자원하기도 했다.

어쨌든 나의 대학 생활에서 사법시험이 많은 부분을 차지하는데, 그 이야기는 1974년 사시 합격 후 수험용 월간지에 게재되었던 합격기(合格記)로 대신하고자 한다. 회고란 어쩔 수 없이 윤색되게 마련이므로 젊은 시절의 나 자신에게 직접 말을 시키려는 것이다.

不安을 넘어서

실마리

합격기에서 합격의 길을 지도처럼 읽을 수 없다는 것은 다 아는 일이다. 합격의 기술은 노력이고 노력은 극히 개인적인 체험인 것이다. 합격기의 의의가 합격자가 걸은 길과 나의 길을 견주어 봄으로써 나의 합격 가능성을 짚어 보고 나태를 꾸짖고 노력하는 데 기운을 내게 하는 것이라고 나는 믿는다.

나는 비교적 빨리 합격했으며 쉽사리 되었다는 말을 들을 성싶다. 우리 주위에는 재주도 좋고 노력도 많이 하는데 자꾸 아슬아슬하게 혹은 아슬아슬하지 않게 떨어지는 아까운 수재의 이야기가 많다. 그러나 간과하기 쉬운, 쉽게 된 사람의 노력과 아까운 수재의 숨겨진 나태를 잊어서는 안된다. 빨리 되려면 그만큼 더 고된 노력이 필요한 것 같다.

아무쪼록 평범한 나의 이야기가 읽는 분의 용기에 보탬이 되기를 빈다.

불안한 시절

빈한한 집에서 자란 나의 대학 진학은 암흑한 것이었음에 틀림없다. 그러나 나의 착실함이 아깝다고 생각되었던지 작은아버지께서 전적으로 밀어 주셨다.

대학의 공기는 분명히 나를 자유롭게 했으나 마음의 고독을 달래기 위해 나는 공중을 불안하게 날고 있었다. 교양과정부의 성적은 대학에서의 실패를 단정하기에 족했다. 남의 도움을 받는데서 오는 열등감·혐오감에서 도망하고자 아르바이트를 시작했으나 그것도 두 달에 그쳤다.

2학년이 되어서는 칠 줄도 모르는 당구, 둘 줄도 모르는 바둑 때문에 강의도 성실히 듣지 못했다. 친구들과 하숙방에서 뒹굴어

우정은 깊어 가고 학문은 퇴보했다. 더욱이 학교 문이 닫혀져 절반은 전주에 내려가 있는 셈이다.

2학기에는 친구와 함께 그의 친척 집에 있었는데 나의 소심으로 말미암아 사이가 금가게 된 것은 큰 고통이었다. 군복을 물들인 작업복(나는 이것을 서울 법대 교복이라 불렀다.)을 걸치고 가난뱅이라는 자기비하와 빛나는 머리의 소유자라는 자존심을 섞어 마시던 때였다.

격정의 시절

3학년이 되었다. 고3 때를 생각하며 깊은 회오(悔悟)와 가슴 치는 반성을 하게 됐다. 물론 나의 정서는 불안한 채였다. 끊임없이 다가오는 고독을 사랑으로 면해야 하는 인간이라고 생각되는데도 아직 누구를 사랑하거나 누구로부터 사랑받고 있다는 느낌이 없었으니 말이다.

학생지도연구소를 찾아가 보자! 완쾌는 못 되어도 좀 후련해지기야 않을라구……. 매우 사무적으로 보이는 아저씨 앞에서 나의 집안 사정, 친구와의 일, 그로 인한 나의 복잡한 심경 등을 털어놓았다. 그러나 그 카운슬러의 태도가 나를 놀림감으로 삼는 것 같고 시원한 분 같지가 않아서 다시 오라는 걸 그만두었다.

하여튼 남이 장에 가니 나도 가야 할 처지였다. 남은 일찍 서

둘러 저만큼 가는데 나는 나서지도 않은 꼴이 아닌가, 너무 늦었다고 생각되나 곧 시작하면 너무 늦은 것은 아닐지도 모른다. 그리하여 잠자기나 족할 정도의 열량을 공급하는 하숙집 밥을 먹으며 가엾은 나는 꽤 열심히 공부를 했다. 않던 짓을 하는 때문인지 잠도 잘 오지 않고 머리가 늘 무거웠으나 억지로 견뎌냈다. 무슨 일이 일어날 것만 같았다.

내가 택시에 받힌 것은 밤 10시 반, 도서관을 나와 길을 건널 때였다. 눈을 떠 보니 불이 밝은 방, 법대 선배의 근심스러운 얼굴이 보이고 내 팔에는 포도당 주사 바늘이 꽂혀 있었다. 나는 길 중간선에 서 있던 일 다음부터는 의식을 잃은 것이었다. 그랬구나! 다행이 가벼이 벗겨진 상처뿐이어서 병원에서 며칠 놀다가 전주로 내려갔다. 공부도 뜻대로만 되는 일이 아닌가 싶었다. 다시 상경, 하숙을 옮겼다. 이번에는 반찬이 좋아서 코피가 나도록 잘들 놀았다. 걸핏하면 카드 놀이와 바둑이고, 온 방안이 재떨이가 되었으며 이불을 갠 기억도 많지 않다. 이때 몸이 약해져서 그후 언제나 감기가 나를 잘 따랐고 지금도 고통을 겪는다. 물론 전의 결심은 아직도 기운이 남아 있어 노는 틈틈이 하노라고 공부를 했다.

이때 사건이 하나 생겼다. 자다가 남 대신 나간 미팅에서 큐피드의 화살을 맞은 것이다. 불행하게도 곧 방학이었다. '언체인드

멜로디'를 들으며 그녀의 꿈에 잠겼다.

본격적으로 처음 맛보는 절 생활은 심심하다는 점을 빼면 아주 맘에 드는 것이었다. 최초의 법서 1회독과 몇 통의 편지를 남긴 채 그해 가을이 왔다.

그러나 그녀는 나를 사랑하지 않았던가. 나로 하여금 시를 쓰게 만들었던 그녀는 만나는 것을 그만두자고 전해 왔다. 공부가 사랑 위에 있지 않음이 분명했다. 강의 시간에 그녀의 이름을 수없이 적기도 하고, 실연을 노래하기도 하고, 그녀의 학교 앞에 서 있기도 하고, 그녀의 집을 찾아 헤매기도 하고……. 이 혼탁한 세상에 내 몫의 사랑은 없는 거라고 단념했을 때 제 자리에 되돌아 올 수 있었다. 근 한 달을 이렇게 앓고 나서 다시 시작했다.

귀중한 겨울방학이 왔으나 나의 실력 부족을 시험과 견주어 생각하면 한숨이 나오고 공부에는 입맛이 썼다. 그러나 어쩌랴, 이 쓸쓸한 오솔길에서 물러설 수도 없으니 짧으면 1년, 길면 2년이라 생각했다. 최선을 다해 보고 결과를 기다린다는 절실한 각오밖엔 어떤 결론이 나올 수 없다.

첫 경험

공부에 마땅한 곳이 없고 그녀도 보고 싶어서 일찍 상경했다. 꽁꽁 언 낙산(駱山) 계단을 오르내리며 열이 나도록 책을 읽었다.

상급 학년을 맞는 마음은 오히려 가라앉아 있었다. 강의도 별로 없어 내게는 고마운 학년이었다. 친구를 만나는 것조차 싫어질 정도로 시간이 아까웠다. 이때의 일기장을 들춰 보면 자신에 대한 준엄한 채찍질의 자국이 보인다. 한 일도 없이 턱수염이 난 나를 미워하고 어린 날의 순한 나를 그리워하고 나의 죄를 용서받기 위해 합격해야 한다고 다짐하였다.

메마른 일과는 그녀와의 만남, 그녀 생각으로 충분히 촉촉해질 수 있었다. 1학기를 끝낼 즈음에는 주요 과목 3회독쯤 되었을까.

최초의 1차 시험을 치르기 위하여(15회) 약 1개월간 1차 시험 공부를 했다. 문제집은 남의 것을 빌려 보았다. 감기 걸린 몸으로도 시험은 흥미로웠다. 경망스럽게도 빨리 답을 쓰고 나서 멍하니 앉아 시간 지나가기만 기다렸건만, 다 끝난 뒤에는 노상 답을 맞춰보고 걱정하고 눈물을 짜며 후회를 했는데도 다행히 합격해 주었다. 1차 시험은 만족스럽게 치를 정도로 공부를 해 둘 필요가 있을 것 같았다. 그래야 2차 시험 준비에 전념할 수 있다. 더구나 아무리 2차 시험에 합격할 힘이 있어도 1차에 안 되면 쓸모없으니 경시할 것이 못 된다.

자, 이제 2차 시험을 볼 것인가. 도대체 시험장에 나타나는 것조차 매우 부끄러운 노릇이었으나 그래도 대체 나의 실력은 얼마나 되는가가 슬며시 알고 싶어 선배들을 따라다녔다. 도대체 무엇을 써야 하는지 알 수가 없었다. 끝까지 가볍고 유쾌한 마음으로 마치고 난 결과는 59점 합격점에 평균 47점이었다. 내 실력이 생각보다 훨씬 엉망임을 알고 낙담하였다. 나의 자부심이 근거가 없는 것이었음을 자인했다. 그러나저러나 16회 사시까지의 반년 동안 12점의 수렁을 건널 수 있을 것인가?

졸업 후의 나를 생각해 보았다. 돌볼 사람이 없는 불쌍한 모습이었다. 1차 부담도 없으니 16회가 최후의 기회라 생각하였다.

결단의 시절

방학 때는 조용한 재실로 들어갔다. 하는 데까지 하려 했으나 늘 감기에 걸려 슬픈 생각만 나고 괴로웠다. 집으로 철수하여 비실거리다 보니 안 되겠다 싶었다. 결단의 시기가 온 것이다. 비장한 각오로 작은아버지께 마지막 부탁을 드리고 상경했다(73. 10. 11.).

깨끗한 집에 자리하였는데 옆방에 15회 사시에 합격한 선배가 있어 무언(無言)의 격려가 되었다. 책을 더 장만하여 읽어 나갔다. 도서관 자리에 "1차는 1차에 한하여, 2차는 2차에 한하여"라는 구호를 써 놓고 합격이라는 두 글자를 마음속에 꼭꼭 다져 신념을 갖도록 애썼다. 교과서의 내용 이해는 끝났으니 암기가 열쇠라는 생각으로 속독을 했다(3일에 한 권). 국사는 따로 읽기도 마땅치 않아 날마다 읽어 갔는데 이것도 괜찮은 방법 같다. 단조로우나 힘찬 생활이었다. 마지막 2개월은 지나간 몇 년의 노고를 값지게도 또 헛되게도 결정 짓는 때이다. 이때는 하루 한 과목씩 해치웠다. 하루 15시간씩 공부했으며 밥을 먹으면서도 책을 읽었으나 매우 빠른 속도였다. 남이 어떻게 그렇게 읽느냐고 물으면 '간과(看過)' 하고 있다고 대답했다. 색연필로 그은 것이 퍽 효과적이었다고 생각한다.

문제집도 전 과목을 다 보았다. 자기가 걷고 있는 땅을 위에서 내려다볼 수 있다는 게 문제집의 장점이 아닐는지, 특히 이상규(李尙圭) 교수의 『행정법 예해』, 김태기(金兌起) · 김인수(金仁銖)의 형법과 형소(刑訴) 문제집은 아주 훌륭한 것이었다. 문제집에 빠진 내용을 교과서나 다른 문제집을 보고 적어 넣는다면 더욱 좋다.

틈틈이 사 모은 60권의 잡지는 모두 찢어발겨 읽고서(하찮은 논문이라도 남김없이 읽었다.) 중요 논문(주로 교과서에 없는 제목, 예컨대 「경찰권의 근거와 한계」)을 남기고 모두 버렸다. 연수원생의 예상문제도 너무 기술적이거나 지엽적인 것이 아니라면 훌륭한 모범 답안이 될 것 같다.

예상문제는 여러 자료를 참조하여 과목당 40개 가량의 문제를 가리고 다시 10문제씩 뽑았다. 말할 것도 없이 예상문제는 들어맞으면 잉여소득을 주는 것 정도로 생각하여야겠다. 실제로 나는 예상문제에서 세 문제밖에 맞추지 못했다.

결합

추위 속에서 행운을 가져다준 시험이 열렸다. 졸업식에도 못 가고 치르는 시험에서 떨어져서야 말이 되겠는가. 배고픔도 잊고 점심을 거의 굶으면서 용감히 읽고 생각하고 썼다.

헌법의 긴급조치권은 수험생 일반의 허를 찌른 문제였다.

행정법의 제1문 '행정에 대한 사법통제(司法統制)의 한계'는 행정소송의 한계와는 좀 다르다고 보아 소(訴)의 이익, 사건의 성숙성(成熟性) 등을 뺐는데, 결국은 같이 보는 것 같았다. 제2문은 '경찰권의 근거와 한계'의 '근거' 때문에 꽤들 골탕을 먹은 모양이었으나 나는 잡지의 덕을 봐서 오히려 즐거이 썼다.

민법의 '독립한 부동산' 문제나 상법의 '약속어음·환어음·수표의 이동(異同)' 문제는 기본적인 사항에 대한 이해의 중요성을 일깨운 좋은 문제였다.

형소에서 '공소 시효'에는 좀 당황했으나 남 쓰는 만큼 쓰고, '증거에 대한 당사자의 동의'는 군법무관 시험에 나왔다 하여 보지 않은 사람이 많은 모양이었으나 나는 그런 일이 있은 줄도 모르고 열심히 읽어 뒀으니 우둔한 덕을 봤다 할까.

신통하게도 문제를 받으면 무엇을 어떤 차례로 써 갈 것인가를 환히 생각해 낼 수 있었다. 마지막 형소(刑訴)까지 만족스럽게 치르고 나와서 기다리고 있던 친구가 주는 담배에 불을 댕겨 2개월 동안 참았던 담배 연기를 들이마셨다.

시험 후의 느낌은, 내가 아는 대로 다 썼으니 합격할 것 같은데 혹시 모르지 하는 것이었다. 15회 때 무슨 문제인지 뭘 썼는지를 몰랐던 데 비하면 이번에는 사소하나마 빼먹은 것들이 점차 생각나는 것이 다른 점이었다.

석방된 사람처럼 전주에 갔다. 그간 학교 다니느라고 못 가 본 곳을 여기저기 찾아다니며 새털처럼 가벼운 나날을 지냈다. 누가 시험에 대해 물으면 그럭저럭 봤다고 대답한 것이 잘 봤다는 소문이 나게 만들었다.

3월 19일, 결과를 보는 것이 조금 두려워서 도망을 가려고 했으나 그러지도 못하고 시내를 돌다가 어스름밤에 집에 들어서니 분위기가 썩 들떠 있는 것 같았다. 마루에 친구 J가 보낸 '축 합격'이란 전보가 놓여 있음을 봤을 때의 기분은 환희의 눈물이 날 지경은 아니었으나 썩 웃고 말 정도의 것도 아닌 독특한 종류의 것이었음을 기억한다.

그립던 사법시험과 내가 결합한 것이다.

이제는 시험공부 하면서 '합격하면 마음껏 책을 읽어야지' 하는 생각의 절반이 잘못된 것임을 알았다. 마음에 빈 터를 느낄 때마다 한 모금씩 마시는 물처럼 몇 줄의 글은 내 영혼을 얼마나 위안케 하였는지!

이 글에서 나는 노력만을 강조한 것 같지만 돈·건강도 필요하다. 돈이 없어 공부할 수 없음은 너무 슬프고 분한 얘기다. 또 오랜 수험 생활은 갖가지 병을 만드나 보다. 건강에 자신 없는 나로서는 체력의 유지를 소홀히 하지 마시도록 말씀드리고 싶다.

그리고 재학 중이신 분께는 서두르지도 그렇다고 게으르지도 않은 꾸준한 노력을 권하며 졸업하신 분께는 새로운 빛나고 격렬한 시도를 부탁드린다.

이 소담한 과일을 따게 해 주신 어머니, 작은아버지, 형 그리고 그녀에게 감사드리며 전법회원(全法會員) 모두 특히 곤경을 헤쳐가는 J와 시험 때 찾아와 격려해 준 행정고시를 준비하는 C의 합격을 기원한다.

초임 판사 초임 남편

연수생의 함정

사법연수원은 2년 과정으로, 1년간은 실무에 치중한 법이론과 모의기록에 의한 판결문 작성을 연수원에서 배우고 나머지 1년간은 법원, 검찰, 변호사 사무실에서 하는 현장실무 연수를 받았다.

내가 합격한 1974년의 합격 정원은 60명이었으며, 연수원 입소생은 57명이었다. 가장 연장자인 노재승 형과 최연소자인 우창록(실제로는 호적이 잘못되었고 임래현이 최연소자라 했다.)은 나이가 15살이나 차이 났다.

검찰 실무 때는 검사직무대리로서 실제로 수사를 하고 공소장을 작성하는 등 검사의 일을 수행하게 된다. 노련한 피의자는 억울함을 호소하면서 피해자 등 참고인의 진술을 바꾸게 하는 방법으로 선처를 받으려고 하는데, 순진한 연수생은 그 함정에 빠질 우려가 있었다. 물론 그러한 사태는 지도 관인 부장검사, 차장검사에 의하여 대개는 시정됐다.

나도 그런 경험이 있다. 전과가 많은 폭력 피의자를 수사 하게 되었는데, 여러 개의 혐의 사실을 모두 부인하면서 험 상궂은 인상과 달리 억울하다는 호소를 애절하게 했다. 경찰 에서 피의자에게 맞았다고 진술한 피해자들도 하나같이 진 술을 바꾸어 피의자를 두둔하는 것이었다. 나는 피해자들이 약속이나 한 것처럼 진술을 바꾸는 것이 의아했으나 피의자 의 연기에 감동해 무혐의 결정을 내렸다.

그러나 나의 처분은 지도관인 박준 부장검사와 강달수 차 장검사를 거치는 동안 여지없이 시정되었고, 전과자의 상습 적인 눈물 작전에 내가 속아 넘어갈 뻔했음을 알게 되었다.

또 한 번은 고물 행상을 하는 사람들이 철물을 훔치다가 적발되어 절도죄로 송치된 사건을 담당했는데, 그들 중 나이 든 이가 자기 혼자 한 일이며 같이 적발된 미성년자는 관여 하지 않았다고 하기에 그 아이를 무혐의로 석방했다. 그런데 얼마 후 소년원을 돌아보는 기회에 원생들 중 반장이라고 인 사하는 아이가 바로 그 무혐의로 석방된 아이임을 알고 깜짝 놀라 왜 여기 있느냐고 하니 다른 사건으로 들어왔다는 것이 었다. 순간 아차 내가 또 속았구나 하고 깨달았다. 이 두 사건을 통하여 연민의 감정은 적정한 수사에 장애물이 될 수 있음을 알게 됐다.

검찰 업무를 겪어 보니 매사에 상사의 결재를 받아야 하는 것부터가 내 생리에 맞지 않아서 강달수 차장검사께 "저는 검찰에 절대로 오지 않겠습니다." 하고 선언했다. 수습 중인 연수생이 지도관에게 검찰에 불만이 많다고 항의한 셈이니 꽤 버릇없는 행동을 했던 것이다.

나와 같이 전주지방검찰청에서 실무 수습을 한 사람은 김용주(나의 고등학교·대학교 4년 선배), 정은환(광주제일고 출신의 대학교 3년 선배) 씨였는데, 김용주 선배는 실무 수습 중 당시 검사장이던 강우영 씨의 사위가 되었다.

판사와 돈 봉투

57명의 연수생이 2년의 연수를 마치고 일부는 군복무를 위하여 군법무관이 되었고, 나머지는 희망에 따라 법원이나 검찰을 선택했다.

나는 자타가 공인하는 판사 타입이어서 지망에 고심의 여지가 없었다. 보편적으로 조용한 성품의 소유자는 법원을,

활발 혹은 괄괄한 성격의 소유자는 검찰을 택하는 것으로 인식되었고, 특히 권력을 선호하거나 정치 지향적인 사람이 검찰을 선택하는 경향이 있었다. 통계를 내 보지는 않았으나 나중에 정치인으로 변신하는 사람들 중에도 검찰 출신이 많을 것으로 짐작된다.

검사 생활, 판사 생활 자체가 성품을 변하게 만들기도 한다. 조용하고 얌전하던 사람이 검사를 몇 년 하더니 거칠어졌다고 하는 예도 있었다. 그러나 개중에는 이런 통념을 뒤엎는 경우도 있다. 우리 동기 중 박재권 같은 이는 누가 보더라도 검사 타입이 아니었는데 검찰로 갔다. 검사 생활에 애로가 있었는지는 모르겠으나, 생각해 보면 검사라고 해서 다 괄괄할 필요는 없고 조용한 검사도 있어야 하지 않을까 싶다.

드물긴 하지만, 검사나 판사 생활을 하다가 적성에 맞지 않는다고 각기 판사나 검사로 전관을 하는 사람도 있었다.

나는 1976년 9월 1일자로 부산지방법원 판사에 임용되었다. 판사 지망생 10여 명 중 성적순으로(사법시험 성적과 연수원 시험 성적을 합산) 김승우와 민형기가 서울에 임관되고, 셋째인 나는 부산에 임관된 것이다.

같이 자취하던 동생 둘을 서울에 두고 임관 전날 낯선 부산에 도착하여 오용호 판사가 묵고 있던 낙원장 여관에 하숙을 정했다. 고등학교, 대학교와 연수원 모두 1기 선배인 오 판사는 첫날 용두산 공원을 안내하는 등 초년병 판사인 후배의 안내자 역할을 해 주었다.

내가 배정된 재판부는 주진학 부장판사, 강문종 판사와 나로 구성된 민사합의부로, 가사 재판부를 겸하고 있었다. 나의 전임자는 최연희 판사(현 국회의원)였는데 그가 검사로 전관한 탓인지 사건이 꽤 밀려 있어서 나는 밤에도 사무실에 남아 판결문을 작성해야 했다. 밤에 불이 켜진 것을 보고 신문기자가 무슨 일인지 살피러 온 적도 있었다.

판사의 임무 중에 영장당직이 있다. 검사가 피의자들에 대한 구속영장을 청구하면 그날의 당직 판사가—대개는 일과 후에—기록을 검토하여 증거가 있고 사안도 중하면 영장을 발부한다.

사건에 따라 변호사가 선임되어 영장 청구를 기각해 달라고 요청하는 경우도 있으나, 이는 변호사의 업무이니 영장을 심사하는 판사가 부담을 느낄 필요가 없다. 문제는 동료 판사나 직원이 부탁하는 경우다. 특히 부장판사 등 대선배가 청할 때는 난처해진다. 물론 부탁 자체는 기록을 잘 살펴서 기각할 만하면 그래 달라는 것이지 기각 사유가 없는데도 기각해 달라는 뜻은 아닌 것이고, 그런 의미에서 나는 부탁에 구애받지 않고 원칙대로 처리하려고 애썼다. 그러나 부탁대로 되지 않았을 때는 결과 문의에 답하는 마음이 결코 편치 않았을 것이다.

한번은 직원의 부탁을 받은 사건의 영장을 기각하였더니 그 직원이 돈 봉투를 들고 와 주려 했다. 마침 이를 본 강문종 판사가 그를 만류하여 보낸 다음 내게 그런 돈을 받아서는 절대 안 된다고 충고했다. 제주 출신의 대학교 4년 선배인 강 판사는 매서운 인상 그대로 법관의 전형적인 엄격함을 보여 주었다. 개인적으로는 따뜻한 성품을 지녔으며 서민들에 대한 이해가 깊다고 느껴, 내가 나중에 대구고등법원에 근무할 때 그분 집에 자주 놀러 다녔다.

영장에 관한 부탁은 신문기자들도 꽤 하는 축이었다. 이를테면 무면허 변호사 노릇을 하는 그런 이들을 나는 냉랭하게 대하였다.

변호사 노무현

내가 부산에서 근무하던 1978년 9월, 대전지방법원의 노무현 판사가 사표를 쓰고 부산에 와서 변호사를 개업하였다. 나는 노무현 변호사에게서 좀 독특한 인상을 받았는데 하나는 여느 변호사와 달리 재판부에 대하여 약간은 공격적이고 적대적인 태도를 보인다는 점이었고, 또 하나는 남들이 잘 눈여겨보지 않는 데를 살핀다는 점이었다.

더 설명하면 이렇다. 보통 변호사는 재판이 진행되는 동안 재판부의 심사를 건드릴까 염려하고 재판부의 견해가 자신과 다소 달라도 가능하면 그에 따르려고 노력한다. 태도와 행동도 공손하다. 이 모두가 법관에 대한 경의의 표현이라고 이해되지만 지나칠 때는 비굴하다는 느낌도 준다.

어떤 변호사는 사건에 관하여 법정에서 변론하기보다는 판사실에 와서 잘 부탁한다면서 머리를 조아리기 일쑤였다. 그러니 재판부에 대하여 당당한 태도를 보이기만 해도 당돌하다는 느낌을 줄 수 있었고, 노무현 변호사의 태도가 그 정도 아니었던가 생각된다. 아무튼 그는 여느 변호사와 달리 약간의 반골 기질이 있어 보였다.

당시에는 변호사가 재판부에 술을 사는 일이 적지 않았고, 식사 대접은 흔한 일이었다. 밥이라도 같이 먹어서 얼굴을 익히는 것은 사업에 해롭지 않고 돈도 별로 안 들기 때문에, 아주 나이가 많거나 사건이 전혀 없는 변호사가 아니면 보편적으로 하는 일이었다. 판사인 나도 나쁘다고 생각지 않았다. 그런 기회에 선배 법조인들의 얘기를 듣는 것이 유익하다고 생각했다.

그런데 노무현 변호사는 그런 일과는 전혀 무관했다. 내가 부산에서 근무한 동안 노 변호사와 차 한 잔 나눈 적이 없다. 그러나 판사들에게 냉랭한 대신 사법연수생들에게는 한턱을 잘 낸다고 알려졌다. 사법연수생들은 법원이나 검찰, 혹은 변호사 사무실에 실무 실습을 위하여 와 있었는데, 권한은 없고 수입도 적어서 시쳇말로 별 볼일 없는 존재라 할 수 있었다. 노무현 변호사는 양지 쪽에 붙어 이익을 얻기보다 남들이 돌보지 않는 그늘진 곳을 살피는 성향이 있었던 셈이다.

그와의 사적인 만남은 단 한 번이었다. 어느 일요일 오후에 판사들이 여럿 살던 남천동 삼익아파트에 놀러 갔는데 누가 노무현 변호사의 요트를 보러 가자고 하여 바닷가로 나갔더니 그의 요트가 바다 위에 떠 있었다. 노 변호사는 요트 타기가 좋은 취미라고 얘기했다는데, 판사로서는 꿈꾸기 어려운 호사스러운 취미가 아닐 수 없었다.

남천동에 사는 판사들은 노 변호사의 배려로 요트를 한 번씩 타 본 듯하였다. 그날 나로서는 종전의 인상과는 상당히 다른 느낌의 그를 본 셈이었다. 개인의 취미 생활을 위하여 거금을 투자할 수 있는 성공한 변호사, 유복한 변호사의 모습이었다.

그후 노 변호사가 노동운동 변호와 관련하여 구속까지 된일, 정치인으로 변신하여 원칙을 지키다가 낙선을 거듭한일, 가망이 없어 보이는 상황에서 대통령 후보로 지명된 일은 신문 방송을 통하여 안 정도인데, 대통령으로 당선된 후『여보 나 좀 도와줘』라는 책을 보고서야 유복한 변호사가 정치인으로 변신하게 된 동기를 알았고, 대통령이 될 자격이 있다고 여겼다.

나는 노무현 대통령의 당선이 여러 점에서 의미 있다고 생각한다.

첫째, 대통령이 군인 독재자를 거쳐 민간인이 되었다가 법률가에 도달한 점에서 선진화의 과정을 밟고 있다.

둘째, 술수에 능한 구식 정치가가 아니라 원칙을 중시하는 정직한 정치가가 주류가 되었다.

셋째, 이회창이라는 귀족적 정치가와 노무현이라는 서민적 정치가가 대결한 싸움에서 국민들이 서민적인 사람을 선택했고, 이는 정치가 서민의 손으로 넘어왔음을 뜻한다.

넷째, 선거에서의 지역주의라는 폐해에서 벗어날 수 있다는 희망을 보여주었다. 노무현 대통령이 영남 출신임에도 불구하고 호남 사람들의 선택을 받았다는 점에서다. 이 견해에 반대하는 사람은 호남에 기반을 둔 정당 소속이기에 찍은 것 아니냐며 지역주의 선거라고 우길지 모른다. 그러나 대통령 후보 경선 과정에서 지역이 아닌 사람을 보고 투표했음이 분명히 드러나 있었다.

나는 노 대통령의 진실성을 신뢰하므로 늘 변호하는 처지에 서 있으며, 종전의 지지자들까지 등을 돌리는 사태에 의아해하고 당황하기도 한다. 내 주위의 변호사들이라면 이미 기득권층이기도 하고, 특히 학벌과 문벌을 중시하는 이른바 KS 출신 등 엘리트들에게 노무현 대통령이란 보잘것없는 집안에서 상고를 졸업한 인물에 지나지 않아서 존경보다는 경멸의 대상이기에 더욱더 나는 소수자일 수밖에 없다. 나는 이런 점들조차 노무현 대통령의 탈권위 노력이 성공했음을 드러내는 것이라고 생각하려 한다.

미혼이 가사 재판을

우리 재판부가 가사도 맡았으므로 내가 이혼 사건을 담당하기도 했다. 혼자 결론을 내리지 않고 재판장과 합의하는 것이긴 했어도 미혼자가 이혼 사유를 판가름한다는 것 자체가 지금 생각하면 매우 부적절한 일이었다. 결혼과 육아의 경험은 사람을 달라지게 한다. 사소한 예지만, 결혼 전에는 고속버스 옆자리에 아이를 안은 엄마가 타면 불편하고 짜증스러웠는데, 결혼해 아이가 생긴 뒤에는 내 아이를 생각하여 너그럽게 견딜 수 있었다.

이처럼 재판에 따라서는 판사의 자격을 제한할 필요가 있을 것 같다. 판사의 개인적인 사정과 경험이 판결에 영향을 미치기 때문이다. 예를 들면 운전을 할 줄 아는 판사가 그렇지 않은 판사에 비하여 운전자에게 관대하다(예전에 운전하는 판사가 많지 않았을 때의 이야기다.). 집에 도둑이 들었던 판사는 절도범에게 엄하다든가 이혼 사건의 경우 여자 판사가 여자에게 호의적이라는 얘기도 있다.

법관의 개인적 경험이 사건의 심리와 판단에 긍정적인 역할을 한다면 좋으나, 만일 부정적으로 작용할 우려가 있다면 그 법관은 당해 사건의 심리에서 배제되어야 할 것이다.

새치기 인사이동

아내 윤정희는 1978년 이화여대 의대를 졸업하고 부산의 일신기독병원에서 산부인과 인턴 생활을 시작한 뒤 그해 8월 19일에 나와 결혼했다. 주례를 누구에게 부탁드릴까 생각하다가 나의 법조 인생에 거울로 삼을 만하며 다소나마 나와 인연이 있는 분으로서 한승헌 변호사가 떠올랐다.

그때 한 변호사 님은 간첩이라 하여 사형당한 어느 국회의원에 대한 조사 형태의 글을 발표했다가 반공법 위반으로 집행유예형을 받고 변호사 자격을 상실, 당신 표현으로는 '전변호사'이던 시기였다. 그분은 나의 고등학교 선배이나 20년 가까이 차이가 나서 직접 뵌 적조차 없었다. 나는 한 변호사 님이 경영하던 삼민사라는 출판사로 편지를 보내어 주례를 부탁드렸다. 그분은 사양하는 뜻을 표하면서도 나에게 만날 기회를 주셨는데, 반정부 인사로 기피당하는 처지에 주례를 맡으면 후배의 장래에 누가 될 수 있어 사양한다고 완곡하지만 분명히 말씀했다.

나는 그 뜻을 고맙게 받들어, 김용주 선배의 장인이자 나의 검찰 수습을 지도하신 강우영 대구지검 검사장께 주례를 부탁드렸다. 소박하고 인자한 성품이 인상 깊었기 때문이다.

검사장님은 흔쾌히 승낙했으나 공교롭게도 며칠 뒤 대구에서 교육비리 사건이 발생해 바빠지시는 바람에 내가 근무하던 부산지방법원의 정태원 법원장님이 주례를 해 주셨다.

결혼식 날, 비가 쏟아지는데 택시는 없고 시간은 급하여 용달차를 타고 결혼식장에 갔다. 신혼여행도 원래 제주도로 정했다가 비행기 운행이 중단되어 온양온천으로 바뀌었고, 궂은 날씨 탓에 그 일대에서 며칠을 보낼 수밖에 없었다.

신혼 살림은 좌천동의 산중턱에 있는 18평 아파트에 차렸다. 아내의 병원 뒤쪽에 있었는데 시원찮게 지어졌고 계단을 한참이나 올라가게 돼 있어 값이 쌌다. 그러나 바다를 내려다볼 수 있었으니 나쁘지만은 않았다.

결혼 후 두 달쯤 있다가 법원의 정기인사가 있었다. 뜻밖에도 진주지원으로 발령이 났다. 당시의 관행으로, 본원에서 근무한 사람은 순서대로 관내의 마산지원이나 진주지원에 반드시 가서 2년 정도 있은 후 다른 곳으로 가거나 부산에서 다시 근무했는데, 이 관행대로라면 나는 1년 후에나 지원에 갈 터였다.

그럼에도 내가 지원에 가게 된 것은 나보다 앞서 지원에 가야 할 강 아무개 판사와 오 아무개 판사가 막바로 서울로 가게 됐기 때문이었다. 더 자세히 말하면, 당시 이태찬 법원장이 병환으로 입원 중이어서 최선호 수석부장판사가 인사를 주관하면서 두 판사의 부탁을 들어준 것으로 알려졌다.

나도 언젠가는 지원 근무를 할 터이긴 했으나 방금 결혼하여 지긋지긋한 하숙생활을 면했는가 싶었던 차에 다시 하숙생활을 하게 된 데다가―아내의 병원 근무 때문에 이사할 형편이 아니었다.― 앞사람들의 새치기 때문에 그리되었다고 생각하니 분하기 짝이 없었다. 그때 선배 법관인 강 판사, 오 판사에 대하여 느낀 배신감이나 서운함은 아직 사라지지 않았다. 고마웠던 것은 김종철, 손홍익 판사가 밤새워 마작을 하면서 나를 위로해 준 일이다.

인사란 정해진 자리에 누구를 배치하느냐의 문제인 만큼 한 사람이 좋으면 다른 사람이 피해를 입게 마련이므로 공정해야 하고 원칙에 따라야 함을 몸으로 체득케 한 일이었다. 이때의 소회는 나중에 문제의 글인 「인사 유감」을 쓴 동기의 하나가 되었으리라.

합의지원으로 가다

당시의 부산 관내에는 합의지원으로 마산과 진주, 단독지원으로 거창과 밀양이 있었다. 나 같은 배석판사는 합의지원에 가게 되는데, 대개는 교통이 편하고 규모가 큰 마산을 선호했다. 진주를 기피한 것이 반드시 규모 때문만은 아니었다. 그곳은 예전부터 진정과 투서가 많기로 전북의 정읍과 함께 이름이 나 있어서 공무원들이 편치 않게 생각했다.

그러나 부산에서 근무하는 동안 현장검증차 진주를 가 보았을 때 고향 전주와 비슷한 느낌이 들었기 때문에 나쁘지 않았고, 부산에서 좌우배석으로 근무했던 이근웅 판사(그후 사법연수원장 역임)를 다시 만날 수 있어서 반가웠다.

진주지원장으로는 부산에서 조수봉 부장판사가 나와 함께 발령받아 가게 되었는데, 이분도 무슨 연유인지 인사이동을 유쾌하지 않게 생각하여 나와 동병상련하였다. 조 지원장은 부산에서 깐깐하고 가까이하기 어려운 사람으로 소문이 나 있었다. 어찌나 열심히 일하는지 매일 사건기록을 보자기에 싼 기록 보따리를 집에 들고 다녔다. 조수봉 부장이 근무하는 재판부의 배석판사를 만나러 그 방에 갈라치면―좁디 좁은 방에 3명이 근무했다.―조 부장이 기록 보던 눈을 들어 방문자를 쳐다보는 품이 무엇 하러 와 일을 방해하느냐고 꾸짖는 듯해서 엔간해선 그 방에 다시 갈 생각을 못했다.

그런데 작은 지원에서 같이 근무하고 더구나 내가 조 부장 담당 합의부의 배석이 되어 가까이에서 보니 의외로 부드럽고 유머러스한 점도 있었다. 직무에 대한 그의 성실성은 높이 평가할 만했는데, 다만 주위 사람에게 너무 높은 수준의 일 처리 능력을 기대하고, 거기에 못 미칠 때는 자신이 대신해 버리는 방식―참여주사의 조서나 배석판사가 작성한 판결문이 맘에 안 들면 모조리 자신이 다시 썼다.―은 주변을 불편하게 만들었다.

첩 일곱 둔 조정위원장

앞서 말한 바 있듯이 진주는 전주와 비슷했다. 시내에 강이 흐르고, 강변엔 버드나무가 심어져 가지가 물 위로 휘늘어졌으며, 다방에서 늘 시화전이 열리고, 교육 도시이고, 비빔밥이 유명한 오래된 도시라는 점 등이 그랬다. 전통이 살아 있어서 문화원에서 술집 여종업원들에게 국악을 가르치기도 하고, 창을 하는 옛날 기생 비슷한 사람들이 남아 있어서 마산의 친구인 한석태 교수가 소리를 듣겠다고 놀러 오기도 했다.

전통 중에는 보존할 필요가 없는 것, 아니 반드시 폐기되어야 할 것도 있는데, 예컨대 축첩의 악습이 진주에는 시퍼렇게 남아 있었다. 어느 정도냐 하면 법원의 조정위원, 즉 학식과 덕망이 있는 일반인들로서 법원의 위촉을 받아 민사·가사 사건의 조정에 참여하는 사람들 중 상당수가 축첩을 하고 있었다. 진주에서 가장 큰 병원의 설립자이자 학교법인 이사장인 김 아무개 조정위원장의 경우, 첩이 무려 7명이었다. 더욱 놀라운 사실은 그 7명이 자매들처럼 사이 좋게지낸다는 것이었다. 김 위원장의 원만한 여자 관계를 부러워하는 사람도 많았으나, 나는 한 사람만으로도 벅찬데 얼마나힘이 들까 하는 걱정이 들었다. 아무튼 우리 가족법의 대원칙인 일부일처제를 어긴 사람들이 소송의 해결에 참여함은우스운 일이 아닐 수 없었다.

판사들, 변호사들

내가 진주에 근무하는 동안 지원장으로는 조수봉 지원장에 이어 안용득 지원장(후에 대법관을 지낸 분)이 있었고, 평판사로 이근웅 · 박국홍 · 변동걸 · 박장우 · 김영훈 판사가 있었다.

지원장은 관사에서 혼자 살았고 다른 판사들은 모두 가족과 함께 살았는데(미혼인 박장우 판사는 어머니가 내려와 뒷바라지를 하였다.) 나는 다시 하숙을 하게 되어 여관과 여러 하숙집을 거쳤다. 판사를 하숙인으로 두기가 불편하다는 이유로 나를 받아들이기를 꺼렸기 때문이다.

나중에는 김영득 사무과장과 함께 하숙을 했다. 이분은 아침 식사를 하면 바로 화장실에 가는 버릇이 있어서 밥을 천천히 먹는 내가 아직 식사 중일 때 꼭 화장지를 움켜쥐고 일을 보러 뛰어가곤 하는 것이 보기에 영 고약했다. 이 점만 빼고는 키 큰 김영득 과장은 '키 크고 싱겁지 않은 사람 없다'는 속설대로 순진도 하고 재미도 있었다.

동료 판사들 얘기를 하자.

박국홍 판사는 대구 출신으로 결혼이 늦어 부인이 여덟 살 정도 밑이었는데, 나는 이분을 통하여 대구 쪽의 남존여비

내지 가부장적 사고가 얼마나 강한지를 실감하게 되었다. 그는 놀다가 새벽 1시가 넘을 정도로 늦게 귀가할 때에도 부인이 즉각 나와 문을 열지 않으면 호통을 친다고 했다. 아니 미안해할 일이지 화낼 일이 아니지 않냐고 내가 물었더니, 가장이 집에 들어오지 않았는데 어찌 부인이 잠을 잘 수 있느냐고 당당하게 답하는 것이었다.

대구 사람들의 이런 관념은 나중에 부산에서 좌우배석으로 나란히 근무한 김진기 판사에게서도 확인할 수 있었다. 김 판사가 새벽 4시엔가 집에 가서 문을 두드렸는데 부인이 잠이 들어서 한참 만에야 나왔더란다. 화가 머리끝까지 난 김 판사는 부인을 친정으로 내쫓았고, 친정 부모가—친정 아버지는 변호사였다.—사위에게 용서를 빌고서야 부인이 집에 돌아올 수 있었다고.

김영훈 판사는 나보다 대학 6년 위로, 박국홍 판사처럼 늦은 결혼을 하여 막 신혼이었는데 부인과의 사이는 박 판사와 정반대였다. 부인이 출산하러 서울 친정에 가 있을 때, 동료들과 놀다가도 밤 11시만 넘으면 혼자서 부리나케 집으로 갔다. 매일 11시 반에 부인의 확인 전화를 받지 못하면 큰일 난다는 것이었다. 이런 저자세 또한 지나친 것이어서 가벼운 조롱의 대상이 됐다.

이근웅 판사는 부산에서 좌우배석을 한 인연이 있어 진주에서 다시 만난 것이 나로선 위안이 되었다. 충남 출신의 전형적인 선비여서 사시로는 꽤 후배인 내게 언제나 깍듯이 존대를 했다. 연구를 게을리 하지 않는 법관이었던지라 훗날 사법연수원장을 지냈다.

박장우 판사는 나와 대학 동기인 박홍우의 형으로 동생과 함께 14회 사법시험에 합격했다. 그는 대학교 4년 선배였지만 박홍우는 대학교 2학년 말에 사시에 붙었으니 한 명의 합격생도 없었던 바로 위 학년에선 놀랍고 착잡했을 것이다. 동기생인 우리 또한 뜻밖의 일이었다. 아직 사법시험 과목 중 못 배운 것도 있었기 때문이다. 그것 말고도 형제의 동시 합격은 그 집안이 매우 가난했다는 것, 형인 박장우 판사가 심한 소아마비로 걷기조차 힘들어서 대학교 때 어머니가 내내 업고 다녔다는 것 등이 큰 화제였다.

합격 후 박장우 판사는 지팡이에 의지하여 힘겹게 걸어다녔고 글 쓰기도 쉽지는 않았는데, 그러면서도 중요 판례를 적어서 분류해 놓는 성실함을 보였다. 그는 늦은 나이에도 여자를 전혀 모르고 있어서 내가 천연기념물이라고 이름 붙였다. 어머니 혼자 서울서 내려와 뒷바라지를 하셨는데, 낮의 무료함을 달래시도록 내가 책을 많이 빌려드렸다. 박 판사는 그 뒤 결혼하여 아들을 두었다.

다음으로 변호사들이다.

내가 진주에 갔을 때는 변호사가 3명이었다. 법원 직원이었다가 간이 판사임용 시험을 거쳐 변호사 자격을 얻은 서정곤 변호사, 진주지원장을 거친 김두석 변호사, 검사 출신 이홍수 변호사가 그들이었고, 곧 이어 군법무관 출신의 강처목, 정인석 변호사가 개업하였다.

서정곤 변호사는 매일 삼천포에서 오는 싱싱한 회를 약주 한잔 곁들여 먹어서인지 건강 좋고 사람 좋은 분이었으나 수많은 자녀들의 뒷바라지를 늦게까지 하느라 고생이었고, 나중에 들으니 부인이 빚을 너무 많이 얻어서 구속되고 서 변호사도 파산지경이 되었다가 겨우 회생했다고 한다.

김두석 변호사는 지나치게 근검하다는 평을 들었고 이홍수 변호사는 입이 걸었는데, 아니나 다를까 정치에 입문했으나 실패했다. 강처목 변호사는 법원 판사들에게 잘해 주려고 애를 쓰는 편이었다. 사업상의 고려도 있었겠지만 천성이 그런 것 같았다.

마산지원 관내에선 군법무관 출신인 장권현 변호사가 성공한 것으로 알려졌다. 법원 판사들을 잘 모시는 것으로 유명했으며 그것이 성공의 비결이라고들 했다. 장권현 변호사는 별 연관이 없는 판사에게도 지나치다 싶을 정도로 잘해 주었다. 강 변호사는 장 변호사를 모범으로 삼는 듯했다.

잊을 수 없는 사건

진주에서 단독판사를 맡는 경험을 했다.

순서대로라면 배석 차례였으나 안용득 지원장이 지원에서 단독도 해 봐야 한다며 배석 겸 단독판사를 하게 했다. 형사 단독판사를 할 때는 불구속 상태로 재판받는 피고인 중 구속 되어야 마땅하다고 판단되는 사람을 몇 명 직권으로 구속시 켜(법정구속이라 부른다.) 파문을 불러일으켰다.

변호인이 있는 사건의 피고인을 구속하면 그 변호인은 사 건 수임도 못하게 되는 등 치명타를 입는다는 말이 있던 시 절이지만, 묘하게 변호사들이 고루 그런 일을 겪어서 내가 어느 변호사를 특히 미워한다는 구설수는 면할 수 있었다.

나의 판단과 조치가 옳았다면 그것은 검사가 직무 수행을 게을리 했다고 볼 수 있는 사안이다. 경우는 다르지만, 검찰 이 약식명령을 청구한 사건에 대하여 부통상(정식재판에 회 부하는 조치)하자 검사가 시원해한 적도 있다. 그 검사는 피고인을 기소하고 싶었으나 상사의 지시 때문에 마지못해 약식명령을 청구했던 것이다.

나는 법정구속을 할 때 변호인이 있는지, 그 변호인이 누구인지에 구애되지 않으려고 애썼다. 민사사건이든 형사사건이든 간에 판단의 대상은 사건 자체와 당사자들이지 소송의 대리인이거나 변호인인 변호사는 아니라는 것이 나의 지론이었다. 이 지론은 종종 반대론과 부딪쳐 마찰을 빚었다.

나는 진주에서 근무하는 동안 잊을 수 없는 사건 두 건을 접했다. 둘 다 어머니의 의미를 생각게 하는 것이었다.

그 하나는 존속폭행 사건이었다. 피고인이 범행을 부인함에 따라 피해자인 어머니가 증인으로 나오게 되었다. 어머니는 아들에게 폭행당한 사실을 시인하면서도 관대한 처분을 내려 달라고 거듭 호소했다. 폭행당한 부모가 자식을 고소할 때는 생명이 위협받을 정도에 이른 경우이며, 부모는 세상에 알려지는 부끄러움과 아들을 처벌받게 할 수 없다는 마음 때문에 어지간하면 참고 마는 것이 보통이다.

증인으로 출석한 어머니가 포승에 묶인 아들을 보고서는 선처를 호소하게 되었으니, 어머니의 애정이란 대가도 조건도 없는 무한대의 것임을 새삼스레 느끼게 해 준 사건이었다.

그에 비하면 뉘우침 없이 범행을 부인하는 자식들은 얼마나 뻔뻔한가. 부모를 폭행한 죄로 실형을 선고받은 어느 피고인이 항소이유서에 "빨리 석방되어야 부모님을 모실 수 있다."라고 쓴 것을 보고 웃음이 나온 적이 있다.

또 하나는 고등학생 정도의 소년이 살인미수죄로 기소된 사건이었다. 소년의 아버지는 몇 해 전에 농약을 마시고 자살했고, 그후 어머니는 다른 남자와 내연 관계로 지냈다. 아버지의 자살도 어머니와 그 정부 때문이라고 판단한 소년은 복수심에서 어머니의 정부 집에 가서 누워 있는 정부를 칼로 찔렀다. 피해자는 다치기만 했는데, 그가 어머니의 정부로 생각해 찌른 사람은 정부의 아들이었다.

이 사건의 어머니는 자식에 대하여 무한정 사랑을 베푸는 앞 사건의 어머니이기는커녕, 남편을 죽음으로 몰았을 뿐 아니라 아들도 살인자로 만들 뻔한 비정의 여인이었다. 소년에 대한 국선변호를 맡았던 서정곤 변호사는 어린 소년이 범행을 하게 된 동기에 비추어 선처해 줄 것을 목이 메어 호소했고, 조서 기재를 담당한 정희상 계장(학교 교사를 하다가 법원에 들어온 분으로 대단히 성실했으나 신병으로 일찍 타계했다.)은 서 변호사의 감동적인 변론 내용을 한 자도 빼지 않고 기록했다.

보통의 국선변호인은 피고인에게 선처를 바란다는 식의 형식적인 변호를 함에 그치고(옛적에 그런 경우가 많았다는 것이지, 요즈음은 대부분 성실하게 변호한다.), 계장도 "유리한 변론을 하다."라고 형식적으로 기재하는 데 그친다는 것을 생각하면 소년의 처지가 얼마나 안타까웠는지, 소년을 도우려고 관계자들이 얼마나 애썼는지를 짐작할 수 있겠다.

　아내는 레지던트 과정 중 의무적으로 6개월간 무의촌에서 근무해야 했는데, 이를 진주와 가까운 사천군에서 하기로 하고 진주에 집을 얻어 아내와 같이 살게 되었다. 하숙 생활을 면한 것은 기뻤으나 6개월이 지나 다시 하숙생으로 돌아가니 괴롭기가 더했다.

이일영, 윤석명 두 분에게 배우다

진주에서 10·26을 겪은 나는 1981년에 부산지방법원으로 되돌아왔다. 이때 나는 내 법조 생활에서 중요한 의미를 지닌 두 분을 만나게 되었다. 이일영 부장판사, 윤석명 부장판사가 그분들이다.

이일영 부장판사는 선배 법관 중 군사독재에 비판적 견해를 보인 유일한 분이자 『한겨레신문』을 애독하는 유일한 분이었다. 당시 전두환이 광주학살을 저지르고 국보위니 뭐니 하여 법을 마구 짓밟고 있음에도 비판하기는커녕 간접선거를 규정한 헌법개정안이 잘된 것이라고 말한 김 아무개 부장판사나, 배석판사들 방에 모여 전 장군님 어쩌구 한 김 아무개 판사(해양소년단 초대 총재를 지내는 등 곧 정치권에 발탁될 듯하더니 뜻밖에도 재임명에서 탈락함.)의 얘기에 귀를 쫑긋하는 뭇 판사들만 보이던 가운데 이일영 부장판사의 존재는 내게 커다란 구원이었으며—법관 중에도 의인이 있다는 점에서 그랬고, 그분이 대구 출신이라는 점에서 더욱 그러하였다.—그분의 의연한 자세는 법관의 모범이라고 생각했다. 그분과는 서울고등법원에서 다시 배석하는 인연을 맺었으며 이후에도 소통이 끊이지 않고 있다.

이일영 부장판사의 면모를 알 수 있는 얘기를 하나 더 하겠다. 몇 년 전 대한변호사협회의 박재승 회장이 내 사무실을 찾아와서 특별검사를 맡을 것을 제의했다. 나는 적격자가 아니고 형편도 안 된다고 정중히 사양한 뒤 이일영 변호사가 적격이 아니겠느냐고 했다. 박재승 회장은 그렇지 않아도 여러 사람의 의견이 그러하기에 당자에게 요청을 했으나 사양하더라, 한데 그 과정에서 놀란 것은 이일영 변호사의 친구들이 그를 존경한다는 사실이었다고 말했다. 친구로부터 존경받는 사람!

윤석명 부장판사는 기인이라 할 만한 분으로, 훌륭한 법관은 아니다. 아니, 문제가 많은 법관이다. 그러나 그분의 소탈한 인품에 나는 어쩔 수 없이 끌렸다.

그분은 명석한 두뇌의 소유자로서 충남대학교를 나와 젊은 나이에 고시에 합격했다. 일찍이 원치 않는 결혼을 했다가 사실상 갈라서고 다시 결혼을 하여 3남을 두었으나, 첫 부인은 평생을 본처로서 수절했고 이는 윤 부장판사의 일생에 지울 수 없는 어두운 과거로 남았다.

그분을 설명하자면 이야기가 좀 많다. 우선 바둑을 잘 두고 아주 좋아했다. 입단대회에 올랐었다느니, 기보 수십 개를 외운다느니, 일본의 사카다 9단에게 3점으로 이겨 사카다의 자존심이 몹시 상했다느니 하는 얘기가 전설처럼 있고, 근무 시간에도 노상 바둑을 두는 것, 바둑이라면 9점 접바둑이라도 무조건 즐긴다는 것, 전문 기사들과 늘 어울려서 그를 형님이라고 부르는 기사가 여럿인 것 등은 우리가 확인한 사실이었다.

기억력도 대단했다. 메모 없이 재판 기록을 줄줄 외운다느니 술집 접대부의 주민등록번호도 한 번 보면 잊지 않는다느니 하는 전설 말고도, 무슨 전화번호를 물으면 곧바로 머릿속에서 끄집어내 알려 주는 것을 여러 번 보았다. 그런 기억력과 무관하지 않겠지만 외국어 배우기를 즐겨 러시아어, 중국어를 책을 사서 혼자 익혔다. 내 이름이 중국어로는 '시타이룽'이라고 알려준 적도 있다.

술을 너무 좋아하여 단단했던 몸이 상하자 배석인 손홍익 판사가 마작을 가르쳤다. 마작을 하면 술을 덜 먹게 되리라고 생각했으나 순진한 게 손 판사라, 그분은 술은 술대로 먹고 마작은 마작대로 했다. 마치 집에는 죽어도 들어가기 싫은 사람처럼 바둑과 마작에 열중하면서 지나친 술까지 겸하니 천하의 윤석명 변호사도 당뇨에 알콜중독이 되어 강제로 입원하게 되었다. 치료를 받아 차도가 있었으나 목욕 중 화상을 입어―당뇨병 환자는 감각이 둔하므로 뜨거운 물을 너무 틀어서 그리 되었다는 것이다.―끝내 운명하였다.

그의 진면목은 소박한 마음에 있었다. 판사쯤 되면 남들이 존경하는 만큼 본인도 점잔을 빼기 십상이지만 그분은 으스대는 것에는 질색을 해 행동거지가 소탈했으며 의복이나 음식도 가리지 않아 더욱 정감이 갔다. 술을 자제하여 건강하셨으면 좋았을 텐데 하는 아쉬움이 가시지 않는다.

관계의 힘

우리나라에서 변호사 자격을 얻는 정통적인 길은 예전의 조선변호사시험, 고등고시 사법과, 그리고 현재의 사법시험 이다. 1980년 이전에는 대체로 한 번에 60명 정도 합격했고 심지어는 4명만 뽑은 적도 있었다. 숫자가 적었던 만큼 합격 자의 실력에는 큰 차이가 없었다고 할 수 있다.

그러나 위의 길 말고도 변호사 자격을 취득하는 다른 통로 가 있었고, 이를 통과한 사람 중 일부는 다소 능력이 처지기 도 했다.

요새처럼 한 번에 1천 명씩 뽑는 시대에는 사시 합격자들 사이에서도 실력 차가 꽤 클 수 있다. 수입이 능력을 그대로 반영하지는 않겠으나 우리보다 변호사 되기가 쉬운 미국의 경우, 변호사 중 큰 부자가 있는가 하면 식생활조차 어려운 이도 있다는 것은 실력 격차에도 원인이 있을 것이다.

다른 말이지만 전두환 정권이 사법시험 정원을 300명으로

키운 조치는 충격적이었다. 이러다가 변호사로 생계를 유지하기가 어려워지지 않겠느냐는 우려도 우려지만(실제로 현재 그런 경우가 있다.), 증원 의도까지 불순한 것이어서 반감이 더 컸다.

그 의도는 단순했다. 정부의 뜻에 따르지 않는 판사가 있으면—예컨대 시위 학생에 대하여 안기부가 요구하는 형량을 선고하지 않으면—얼마든지 그만두게 해도 판사 충원에 지장이 없도록 한 것이다.

변호사의 수가 많아져서 생긴 긍정적 효과도 적지 않다. 경쟁이 치열해진 만큼 수임료가 낮아졌고 서비스가 향상되었다. 다만 경쟁이 과열되는 것이나, 정상적인 수임료만으로 생활이 어려워진 변호사들이 범죄에까지 가담하는 바람에 구속되는 변호사 수가 늘어난 것은 우려되는 현상이다.

얘기를 다시 돌려, 변호사가 능력이 있으면 민사사건의 승소율이 높아지고 형사사건도 무죄라든지 의뢰인이 원하는 결론을 얻어낼 확률이 높아지는 것이 당연하다. 다만, 그런 결과가 변호사의 능력 덕이 아니고 변호사와 재판부의 친밀한 관계 때문일 때는 문제가 된다.

예전의 판사일수록 정실에 의한 판단을 할 우려가 컸다고 나는 생각한다. 김 아무개 부장판사가 민사사건에서 자신과 가까운 대리인을 승소시키려고 하던 일, 다른 김 부장판사가 자기 친구가 변호를 맡은 형사사건에서 억지스럽게 무죄 이론을 내세운 일, 이 아무개 대법관 역시 민사사건의 대리인이 자신과 가까움을 내세우면서 그쪽에 유리한 결론을 내렸던 일 등을 겪었다. 둘째 예인 형사사건의 경우, 실형을 선고하자고 의견을 제시한 나는 재판장의 무죄 이론에 어리둥절했는데 알고 보니 변호사를 보아서 관대한 형벌을 내리자는 취지였다.

일상 생활에서는 존경할 만한 분일지라도 재판을 그처럼 한다면 법관으로서 존경할 수는 없다. 우리의 폐습인 연고주의가 재판에까지 스며든 것은 끔찍한 일이다.

「인사 유감」 필화

부산과 진주에서 6년간의 근무를 마치고 1982년 9월 인천 지원으로 가서 단독판사 생활을 시작하였다.

잠원동 집에서 노량진역까지 택시를, 노량진역에서 주안 역까지는 전철을, 주안역에서 법원까지 다시 택시를 타는 식 으로 출퇴근하는 일이 번거로웠으나 단독판사의 자유를 누 리는 것은 행복했다.

사근사근한 정덕홍 판사, 목사의 아들이면서 그런 티가 나 지 않는 김성만 판사와 한방을 썼다.

인천 생활 1년 만인 1983년 9월에 성동구 구의동의 동부 지원으로 가서 역시 민사단독을 맡았다. 6명이 같은 방에 있 으니 일하는 데 서로 방해가 되긴 했어도, 이런저런 얘기를 나누거나 사건에 관한 의견을 구하기가 쉬워 좋기도 하였다. 사람 좋은 충청도 양반 김시수 판사, 걸어다니는 예수님이라 고 내가 이름 붙인 채영수 판사(나의 대부님이다.), 깔끔한

신사들인 이석우·손기식 판사, 꾀 많은 박일환 판사, 부산과 인천에서 같이 근무하고 동부까지 동행한 과묵파 임순명 판사 등이 한방 식구였고, 나중에는 바둑 좋아하는 손평업 판사도 함께 있었다.

손평업 판사의 바둑에는 비슷한 기력의 내가 자주 상대를 했다. 어느 날은 퇴근 때 시작한 바둑을 11시 넘게까지 두고 나서 자정께 저녁 식사를 마치기도 했다. 그는 지독한 속기여서, 나도 덩달아 빨리 두다 보니 한 판이 이삼십 분이면 끝났다. 바둑돌 나르기에 바빴다고나 할까.

동부지원에서 2년을 보내고 본원인 서울민사지방법원으로 갈 무렵이었다. 광주고등법원 윤석명 부장판사가 장흥지원장으로 좌천 발령을 받고 박시환 판사가 영월지원으로 발령받는 것을 보고 『법률신문』에 「인사 유감」이란 글을 투고했다.

"서 판사, 나 이재철이야. 이상한 소식이 있는데 들었어?"

"무슨 말인데?"

"자네가 울산으로 발령이 났단 말이 있어. 한번 알아봐."

"그래애?"

나는 정규 인사이동에 따라 1985년 9월 1일자로 서울민사지방법원으로 발령이 났다. 발령 일자에 새로 온 사람들이 모두 모여 부임 인사를 하고 내가 맡은 민사단독 사건의 기일을 지정하는 등 일을 마친 다음 퇴근하여 저녁 식사도 한 후에 전화를 받은 것이다. 동부지원에 근무하는 이재철 판사였다.

나와 같이 동부지원에서 근무하다가 그곳에 남게 된 이 판사의 말에 나는 소스라치게 놀랐다.

'아니 이럴 수가! 그래, 그럴지도 몰라.'

순간적으로 놀랍기도 하고 걱정스럽기도 하고 가슴이 떨려오는 듯도 하였다. 우선은 너무도 믿기지 않는 이 소식의 사실 여부 및 이유를 알고 싶어 김달식 법원장께 전화를 걸었다. 김 원장님은 늦게야 통화가 되었는데 역시 놀라면서 모르는 일이라고 하셨다.

다음날 아침 출근해서야 전날 오후 늦게 퇴근 무렵에 그런 인사발령이 있었음을 알게 되었다. 이유는 짐작했던 대로 내가 『법률신문』에 기고한 「인사 유감」이란 수필 형태의 짤막한 글 때문이었다. 내용을 그대로 여기 옮긴다.

인사 유감(人事有感)

공무원에게 인사(人事)는 성취의 기쁨 또는 새 일터, 새 동료, 새 일거리에의 기대감을 줄 수도 있고, 이사를 하게 되거나 아니면 가족과 떨어져 있어야 하는 데서 오는 괴로움의 근원일 수도 있다. 어떻든 인사는 당사자에게든 구경꾼에게든 간에 자칫 따분할 수도 있는 틀에 박힌 생활에 자극제가 된다.

그런데 인사는 한정된 인원을 한정된 자리에 옮겨 놓는 작업이기에 한쪽의 기쁨이 다른 한쪽에 분함과 섭섭함을 가져다 주기 십상이고 바로 여기에서 인사권자의 고민이 시작되고 끝난다 하여 크게 잘못된 말은 아닐 것이다.

다행히도 우리 법원의 인사는 고래로 일정 원칙 아래서 예견 가능성과 생활적 안정성을 지녀 왔다고 믿어지지만 그래도 때로 군(軍)인사를 흉내 낸 듯 장군을 이등병으로 강등하는 것과 비슷한 꼴의 인사나 아직 움직일 때도 안 된 사람을 이른바 유배지로 몰아세우는, 사람에 맞추어 원칙을 세우는 인사가 없다 할 수 없다.

이를테면, 전 이자(前二者)는 인사를 헌법상 보장된 바 없는 법관에 대한 처벌의 도구로 쓰는 셈인데 문책 인사가 있을 수 있음을 시인치 아니할 수 없으나 만일 그 문책의 원인된 사실이 비난 가능성이 없는, 예컨대 법관의 소신에 기한 재판이라고 할 때는 그런 인사는 사법부의 자상(自傷) 행위요 비인사(非人事)에 다름 아닌 것이다.

요사이 남북통일에의 한 가닥 기대가 생기는 마당인데 정말 그 날이 오면 부산지방법원에서 회령지원으로 발령이 나면 어쩌나 하는 쓸 데 없는 걱정이 되니 우리도 서독처럼 평생 옮겨 다니지 않을 수는 없을까 하는 생각에 잠겨 본다.

앞에서도 말했듯 이 글을 쓴 계기는 그 무렵 있었던 법원의 정기 인사이동이었다. 그중 가장 중요했던 것이 윤석명 광주고등법원 부장판사가 장흥지원장으로 가고, 인천지방법원의 박시환 판사가 영월지원 판사로 이동한 것이었다.

고등법원 부장판사는 직급이 법원장급이다. 이러한 직위에 있는 사람을 초임 지방법원 부장판사가 가는 자리인 장흥지원장으로 보내는 것은 이례적이고 파격적인 인사였다. 그 당사자가 윤석명 부장이라는 데서 나는 분노를 느꼈다.

윤석명 부장의 인사 사유는 그분의 결혼 문제라고 알려져 있었다. 앞에서 얘기한 것처럼 그분은 젊어서 고향인 논산의 처녀와 혼인했으나 얼마 살지 않고 헤어져 다른 사람과 결혼했는데, 호적 정리가 안 되어 있었다. 그러나 이것은 수십

년 전의 일로서 새삼스럽게 문제 삼을 대상이 아니었고, 또 그처럼 비난받을 일도 아니었다. 오히려 실제 이유는 그분의 과음과 기벽 등으로 업무 수행에 지장이 있고 법관의 품위에 문제가 있다는 것이었다.

박시환 판사는 당시 인천에 간 지 6개월밖에 안 되어 인사 대상이 아니었거니와, 인사를 한다면 당연히 서울시로 와야 할 사람이었다. 그는 데모에 가담한 대학생들에 대해 으레 기대되던 구류형을 선고하지 않고 무죄 판결을 한 것이 신문에 보도되었는데, 그것이 인사 원인이었다.

나는 이 같은 인사 내용을 보고서, 윤석명 부장에 대하여는 차라리 사표를 받든지 하지 수십 년간 법원을 위해 일해 온 사람을 이렇게 불명예스럽게 처우해도 되는지를 묻고 싶었고, 박시환 판사에 대해서는 반정부적인 재판에 대한 부당한 불이익 처분을 고발하고 싶었다. 또한 이 기회에 평소 불만스럽게 여기던 인사 행태를 두루 비판하되 가벼운 글의 형태로 쓰기로 했다.

글을 발표할 매체로는 『법률신문』이 가장 손쉽게 생각되었다. 법조인들이 대부분 구독하는 주간지인 『법률신문』은 어느 변호사가 만든 신문이기는 하지만 법원에서 구독 대금을 급여에서 공제하는 편의를 보아 주고 있어 기관지 역할을 하는 셈이었다. 그러나 법조 소식과 판결문의 전달을 주로 하고 비판 기능은 별로 없었던 데다가 내 글의 내용이 윗사람의 비위를 거스르는 것이라서 나는 투고한 것이 실릴지 반신반의했다.

그런데 그 글이 9월 1일자에 실렸고, 유태홍 대법원장은 펄펄 뛰며 김용철 행정처장을 불러 글 쓴 판사를 당장 좌천시키라고 명했다. 아마도 행정처장 등은 정기인사가 있은 지 며칠도 안 되어 한 사람만을 대상으로 발령을 내는 것은 보기에 좋지 않으니 다음 인사 때까지 기다리자고 건의했겠으나 대법원장의 분노가 심하게 불타오른 것 같다.

대법원장을 특히 건드린 부분은 '비인사'라는 어구라고 들었다. 자신을 짐승에 빗대었다고 생각했던 것 같다. 실은 나도 9월 1일 법원에서 그날 처음 본 강금실 판사로부터 판사들 간에 내 글을 두고 말이 있다는 얘기를 듣고 약간 뜨끔하긴 했었다.

여하튼 겨우 하루를 근무하고 울산으로 떠나게 된 나는 다시 이방 저방을 돌며 이임 인사를 했다. 동료들은 나를 잘 알지 못하는 사람까지도 전별금을 주며 위로했다. 대개 속으로는 나에 대한 인사가 심하다고 느꼈겠지만 내놓고 말하는 사람은 별로 없었다.

집에 가서 전별금 봉투를 하나하나 열어 보면서 나 때문에 또다시 전별금을 주게 된 것에 미안해하고, 잘 알지도 못하는 나를 위로해 주는 것을 고맙게 생각했다. 돈이 정신적 고통을 조금은 위자(慰藉)해 줌을 그때 처음 실감했다.

다음날인 9월 3일 나는 『법률신문』에 투고할 때의 마음으로 대법원장 면담을 신청했다. 약간 뜻밖이었던지 한참 후에 좋다는 연락이 왔기에 대법원장실로 갔다. 대법원장의 말은 대충 이랬다.

"나는 이 나라에서 나보다 높은 사람은 대통령밖에 없는 사람이다. 새까맣게 아래에 있는 젊은 판사가 나를 모욕에 가깝게 비판하는 것을 가만둘 수 없었다. 그런데 실제로 보니 순하게 생겼구면. 서 판사가 비판한 인사는 다 이유가 있었다. 윤 부장은 여러 가지 문제가 있다고 보고되어 경고의 의미로 대구고등에서 광주고등으로 보낸 일이 있었고, 대구고등으로 다시 보냈다가 또다시 광주로 보냈었다. 나는 윤 부장이 나와 고향이 비슷하여(충남 홍성) 되도록 선처를 했다. 그쯤 했으면 무언가 찾아와 해명이라도 했어야 하는데 해명도 없고 하여 이번에는 지원장으로 발령 낸 것이다. 그리고 고등부장을 지원장으로 발령내는 일은, 서울에서도 고등부장을 시내 지원장으로 보내지 않느냐. 박시환 판사가 한 일은 법률적으로 잘못된 것이다. 즉결에서는 무죄를 할 수 없다. 법률적 문제가 있는 재판을 하였기 때문에 공부 좀 하라고 영월로 보낸 것이다. 서 판사도 자숙하면 선처할 수 있다."

그 말에 대해 나는 "서울 시내의 지원과 장흥지원은 그 급이 전혀 다르다. 그리고 박 판사를 공부시키려면 책도 많고 법원도 큰 서울로 보내야 맞지 않느냐."라고 반문하고 싶었으나 물론 아무 말 않고 조용히 듣다가 인사를 하고 나왔다.

김용철 행정처장은 인사를 간 내게 귓속말을 하듯 "나는 말리려고 애를 썼지만 저 양반(대법원장)이 도저히 듣지 않아서 할 수 없었다. 곧 서울로 올려 줄 것이다."라고 하였고, 박우동 행정처 차장은 "필화로구먼." 하면서 빙긋이 웃었다.

기자들이 찾아와 내게 심경을 물었다. 사표는 내지 않겠다고 하자 『동아일보』의 황호택 기자가 "그러면 선배님, 사표를 강요하는 듯한 인사지만 울산에 부임하여 성실히 근무하겠다고 쓰면 되겠죠?" 하고는 그렇게 기사를 썼다.

다음날 첫 비행기로 울산을 내려갔다. 부산에 근무할 때 출장 간 일이 있어 두 번째 길이었다. "그나마 비행기가 있어 다행이다. 장흥 같은 데보다는 낫지 않으냐."라고 위로하는 사람도 있었던 것 같다.

공항에서 나와 자리를 맞바꾼 김진권 판사를 만나 엉겁결에 부둥켜안았다. 김진권 판사는 나의 고등학교, 대학교 2년 선배로(사시는 뒤임.) 부산에서도 같이 근무한 적이 있었다. 김 판사는 내가 혹시 부임하지 않으면 어쩌나 걱정했다면서 자기는 나 때문에 욕 먹고 있다고 핀잔하듯 말했다.

김 판사가 원래 좀 입이 건 편이기는 하지만, 다른 판사들이 김 판사에게 후배가 불이익을 당한 덕에 선배가 서울에 올라왔다고 괜히 좋지 않은 눈길을 보내 난처한 적이 있었을 것이다. 선후배를 맞바꾼 것도 무슨 작전의 일환인지 알 수 없는 일이었다.

울산에는 다행히 부산에서 근무할 때 같이 일했던 판사들이 있어서 잘 지낼 수 있었다. 특히 장상익, 김태우 판사 등 덕택에 즐거운 시간을 가졌음을 기억한다. 그곳에는 나와 시험 동기인 괴짜 김영길 변호사도 있었고, 이재환 변호사 역시 나를 외롭지 않게 해 주었다.

나에 대한 전격적 인사발령은 신문들에 크게 보도되었고 신문마다 법원 인사의 문제점을 지적하는 기사·사설·칼럼이 잇따랐다. 야당에서 사상 최초로 대법원장 탄핵소추를 발의하여 국회에서 부결되는 사태로까지 이어졌다. 전화·편지·전보로 나를 격려한 국민들도 수백 명이었다. 나를 비난하는 익명의 편지가 단 한 장 있었는데, '국가 이익을 해치는 행위'라고 비난한 것으로 기억된다.

어떤 분은 격려 편지를 보낸 뒤 한참 동안 나와 서신을 주고받았으며, 또 어떤 분은 내게 국회의원에 출마하면 당선이 틀림없다고 장담하면서 정계 진출을 권하기도 했다.

정찰제 판결

울산에서 처음에는 울산대 주위의 무거동이라는 외진 동네에서 하숙을 했다. 시내에서 꽤 먼 곳으로, 대학생 상대의 하숙집이 많이 들어서 있었다. 주위에는 풀밭이 있어서 산책하기에 안성맞춤이었다. 나중에는 시내 여관에도 있었는데 아침밥을 해결하는 것이 문제였다. 주로 제과점에서 야채빵을 사다 먹었다.

법원은 시내에서 떨어진 언덕 위에 있었다. 내 사무실에서 내다보면 왼쪽으로 숲이 있고 길 건너 멀리 연못이 햇빛에 반짝였으며 그 옆 대숲이 바람에 흔들거려, 나는 박재삼의 시를 떠올리곤 했다. 울산이라면 으레 공단과 매연을 떠올리는데 법원이 있는 곳은 그런 울산과는 상관없는 무공해 지역이었다. 다만, 근처에 인가도 상가도 없어서 구내식당이 아닌 데서 밥을 먹으려면 차를 타고 나가야 하는 것이 불편했다.

어느 날, 동부지원에서 같은 방에 있던 손평업 판사의 조카가 나를 찾아왔다. 서 판사가 그리로 가니 잘 대접하라고 손 판사가 당부했다는 것이다. 나보다 몇 살 위인 여자로, 법원 바로 옆에 살면서 기사식당을 하고 있었다. 신정동 공업탑 로타리에 식당이 또 하나 있다고 했다. 삼촌의 말을 받들어 내게 밥도 주고 생선회도 사주면서 잘 대했다. 식당 손님이 배불리 먹도록 하는 것이 자신의 목표라면서 공기밥 값을 받지 않고 얼마든지 더 주었다. 참으로 따뜻한 사람이었다.

　울산에서는 왠지 버림받았다는 느낌을 가졌는지, 많은 사람이 보살펴 주었음에도 정신적으로 약간 황폐해지고 고독감을 느꼈다. 나는 체질상 술이 안 받아서 그리 즐기지 않는데, 아니 실은 아주 싫어하는데, 그때는 술도 좀 먹고 무질서한 생활을 했던 것 같다. 1년의 울산 생활이 건강을 꽤 상하게 했다고 스스로 느꼈다. 그러면서도, 나를 잘 모르는 사람들에게 혹시 괴팍한 사람으로 비치지 않을까 염려하고 조심했다.

　앞서 얘기한 문제의 인사 후에 개업한 윤석명 변호사는 울산에 올 때마다 내게 들러 차비 하라고 돈을 주고 밥을 사주는 등 고마움이랄까 미안함이랄까를 표시했다. 박시환 판사

의 아버지인 박영도 변호사도 내 방에 들러 자신의 아들 때
문에 내가 고초를 겪었다고 하시기에 나는 훌륭한 아드님을
두셨다고 말씀드렸다.

아무튼 인사파동 이후 나를 만나는 사람마다 그 얘기를 했
으며—요즘도 그 얘기를 꺼내어 나를 쑥스럽게 만드는 사람
이 간혹 있다.—대단한 일을 했다고 칭찬하는 경우도 있었
는데, 내가 대단한 일을 한 것처럼 비춰진 것은 내 탓이라기
보다는 대법원장 탓이기도 했으려니와, 실은 내가 한 일이란
글 몇 줄 쓴 것에 지나지 않았다. 정부가 미워하는 정의로운
판결을 하여 고초를 겪은 사람들에 비하면 하찮은 것이란 생
각에 항상 거북스러웠다.

내가 법조계에서 이름이 좀 알려지고, 그것도 비교적 정의
로운 사람으로 인상 지워진 것은 고마운 일이다. 다만 내 진
정한 됨됨이보다 과장되어 인식된 점이 있는 듯해 부끄러울
따름이다.

박정희의 유신통치 시절부터 전두환의 강압정치 시대까지
정부의 뜻에 거스르는 판결을 하여 고초를 겪은 판사는 내가
기억하는 분들만 해도 여럿이다.

김대중 후보의 선거법 위반 사건에서 무죄판결을 내린 양
헌 재판장과 신영무 배석판사. 부산대생들에 대한 국가보안

법 위반 사건(이른바 '부림사건')에 대해 무죄판결을 내렸다
는 이유로 진주지원으로 발령받고는 그곳에서 사표를 쓴 서
석구 판사. 학생들에 관한 사건에서 "현재(박정희 유신 시절)
의 정치가 독재라고 하는 것은 사실이다."라 판시하여 결국
사표를 낸 이영구 부장판사.

　이들 중 서석구 판사에 대해서는 내가 부산에서 근무할 때
의 일이고 서 판사 자신으로부터 후일담을 들은 바도 있어서
자세히 얘기하겠다.

　반공법, 국가보안법 등 이른바 공안사건에 대하여 무죄판
결을 하는 일은 감히 생각하기 어려운 당시 분위기에서 무죄
를 선고했으니 법원에서는 난리가 난 셈이었다. 부산지방법
원의 김달식 원장은 대법원에 불려 가서 질책을 당하자 윤영
오 수석부장판사에게 "당신은 이 지방 사정을 잘 알 텐데 형
사단독에 왜 서석구 판사를 앉혔으며, 또 서 판사에 대한 지
휘감독을 어떻게 했기에 무죄판결이 나온 것이냐."라고 질
책했다. 나는 윤영오 수석부장의 배석판사였는데 윤 부장은
점심 식사 때 배석판사들에게 그런 얘기를 하면서 몹시 불쾌
해했다.

　당시 형사재판은 아무에게나 맡기지 않고 이른바 국가관
이 투철한 사람만을 엄선하여 보낸다는 말이 있었다. 호남

출신 판사들은 국가관에 문제가 있다는 것인지 형사재판을 맡은 판사 중에 호남인은 거의 없었고, 그들은 가정법원에 대거 배치되어 있었다.

서석구 판사는 그후의 인사이동에서 진주지원으로 발령받았다. 그는 단독판사로서 단독지원장으로 나가리라고 예상되었지 합의지원에 갈 순서는 아니었기 때문에 이 인사는 좌천으로 받아들여졌다. 서 판사가 진주로 가자 형사들이 그의 일거일동을 감시하기 위하여 그림자처럼 따라붙었다. 서 판사는 괴로운 나머지 도대체 원하는 것이 무엇이냐고 물었더니 그들은 사표만 내면 된다고 하여 사표를 제출하고 고향인 대구에서 개업했다.

이러한 경위는 1986년 9월에 내가 대구고등법원 판사로 가자 서석구 변호사가 내 방에 와서 아무에게도 하지 않은 얘기라며 털어놓은 것이다.

이 암울한 시기에 이른바 '정찰제 판결'이라는 말이 유행했다. 시국사범에게는 거의 일정한 형량이 내려졌음을 빗댄 말이다. 정찰제에서 벗어나는 판결은 거의 볼 수 없었다. 일반적으로 항소심에서 형량이 올라가는 예가 거의 없는데도 시국사건에서는 종종 있었고, 그런 판결을 한 재판장은 투철한 국가관에 상응하는 대접을 받기도 했다. 심지어 어느 재판장은 합의한 것보다 높은 형량을 멋대로 선고하여 다른 판사들이 항의했다는 소문이 돌기도 했다.

형사재판을 맡은 판사들은 인사이동에서 우대받았다. 국가시책에 반대하는 민주인사들을 처단하는 공로를 세웠다고 해서인지, 외부 또는 상부의 요구에 순응하는 수모를 견디어낸 데 대한 대가인지는 알 수 없다. 여하튼 형사법원장, 형사법원 수석부장 등의 자리는 요직으로 인식되었고 그 자리를 거치는 사람은 승진이 보장된 것으로 인정받았다.

내가 『법률신문』에 「인사 유감」을 쓴 데 대한 법원 내의 평가는 여러 가지였을 것이다. 하극상이며 법원 내부의 화합을 해치는 행위라는 견해가 일부 상위 법관 내지 관리직 법관들 사이에 있었다 하고, 그와 반대로 '다들 생각만 하고 있었는데 잘 터뜨렸다'라는 견해 또한 있었을 것이다. 이렇게 불분명하게 말하는 이유는 당시 나에게 직접 견해를 표시한 법관이 거의 없었기 때문이다. 반면에 일반인들은 나를 무슨 민주투사인 양 대하여 쑥스럽게 만들었다.

판사란 직업은 참으로 폐쇄적인 생활을 하고 금욕적 생활을 요구받는 만큼 "법관은 판결로만 말한다."면서 의사 표현을 별로 하지 않고, 나아가 의사 표현 행위 자체를 마땅치 않게까지 생각하는 경향이 있다. 그러한 점이 업무에도 반영

되어, 합의부 재판의 합의 과정에서도 종전에는 재판장과 배석판사 간에 견해가 다를 경우 배석판사가 재판장의 견해에 순응하는 경향이 있었다.

그러나 시대가 바뀌어 의사 표현이 분명한 세대가 법관으로 임명되면서 그러한 구습은 바뀌는 추세가 아닌가 한다. 예컨대 예전에는 재판장이 배석판사에게 오늘 저녁을 같이 먹자고 하면 배석판사들은 그에 따르는 것이 당연했던지라 선약이 있는 판사들도 약속을 취소하거나 바꿔야 했다. 그러나 요즘 배석판사들은 "제 집사람과 약속이 있다."는 식으로 분명히 거절 의사를 드러낸다고 한다. 전 같으면 여자와의 약속을 핑계 댄다고 핀잔만 잔뜩 먹고 저녁 자리에 끌려가고 말았을 것을.

고법 판사의 세상 구경

울산에서 1년 근무한 후 1986년 9월에 고등법원 판사로서 대구에 부임하였으니 판사 생활 꼭 10년 만에 고등법원 판사로 승진한 것이었다.

연수원 6기인 동기생 김승우, 전민기, 최정수, 심재돈 판사가 서울에서 내려와 함께 일하게 되었다. 내가 울산으로 갈 때 김용철 행정처장이 1년 정도면 서울로 올려 주겠다고 언질을 주었는데 빈말이 된 셈이다. 그러나 대구로 내려온 동기생들을 보니 내가 서울에 있었어도 대구로 내려오게 됐을 듯하여 그 생각은 이내 버렸다.

서울에서 대구로 발령 난 사람들은 말하자면 서울고등법원에 남는 데 실패한 이들로서 서울에 남을 만한 공적(형사지방법원에 근무하는 등)도 없고 남으려고 운동도 하지 못한, 순박하고 어찌 보면 답답한 사람들이다. 우리는 동병상련으로 잘 어울려 지냈다.

김승우, 최정수, 나는 혼자 하숙을 했고, 전민기와 심재돈은 이사를 왔기에 두 판사 집에 가끔 가서 신세를 졌다. 최정수 판사는 연수원 때 내 바로 앞줄에 앉았음에도 말 한 번 하지 않던 사이인데, 약간 째려보는 인상과는 달리 매우 재미있었다.

대구는 법원 중에서 분위기가 근엄하기로 이름난 곳이며 대구라는 도시 또한 배타적이기로 소문난 곳이라서 나는 시내에는 나가 본 적도 없을 정도로 법원과 하숙방만 왔다 갔다 했다. 오죽하면 1년을 있으면서 달성공원도 가보지 않았다. 나 같은 판사야 일반인을 만날 일도 없긴 하지만 아무튼 대구는 배타적이니 조심하라는 충고를 받았고 타지 사람들이 대구에서 겪은 고충들도 들을 수 있었다.

1년 후 서울고등법원으로 옮겨 이일영 부장판사의 배석으로 형사부를 맡았다. 하숙생활을 면하고 내 집에서 살게 되고 좋아하는 분과 같이 일하게도 되니 마음이 편했다.

형사부에 이어 민사부에서 박준서 부장판사의 배석을, 특별부에서 김연호 부장판사의 배석을 하였다. 박준서 부장판사는 사무실에서 FM 음악을 들으며 일하고 점심때는 가까운 곳의 미술 전시회를 둘러보곤 했으며, 재판 후엔 배석과 바둑을 두기도 했다. 조용한 선비의 모습을 보는 듯하여 나

도 부장이 된 후 점심을 먹고 나서 미술전시회를 가 보는 흉
내를 내었다.

고등법원 근무 시인 1988년에 단기 해외연수차 헤이그에
한 달간 다녀온 것이 가장 기억할 만한 일이다. 법관의 해외
연수에는 6개월 혹은 1년의 장기연수와 한 달 가량의 단기
연수가 있다. 장기연수는 그야말로 테마를 정하여 연구하는
게 목적이므로 어학 실력도 미리 갖춰야 한다. 단기연수는
명색은 연수이나 실제로는 여행을 위주로 한 휴식이다. 예산
을 따기 위해 해외 강좌에 등록하는 형식을 취하지만 실제로
강좌에 참여하는 경우는 적고 여행을 다니는 것이 관례였다.

나는 대구고등법원의 장윤기 판사, 부산고등법원의 박용
수 판사와 함께 가게 되었다. 나까지 세 명 다 샌님 타입이
다. 헤이그로 가서 행정처에서 정해 놓은 하숙집에 묵었는
데, 나와 박 판사는 올데만이라는 은퇴한 영어교사 집이었
고, 장 판사는 과부가 운영하는 집이었다. 올데만의 집에는
한국 판사들이 전부터 묵어 온 터여서 판소리 레코드, 부채
등 놓고 간 선물이 꽤 있었다.

우리는 그전 사람들처럼 여행만 다니지 말고 오전에는 강
의를 듣고 오후에 네덜란드 구경을 하자, 주말에는 유럽 여
러 곳을 여행하자는 계획을 세웠다. 주로 장 판사의 주장에

따른 것이다. 강의는 물론 잘 알아들을 수 없었으나 다른 나라 사람들과 얘기를 나눌 수 있어 좋았다. 아프리카 출신의 미국 변호사, 유고에서 온 검사, 스페인 법대생으로, 특히 스페인 법대생인 에인절은 시각장애자임에도 명랑하고 친절한 것이 인상 깊었고 지금은 무엇을 하는지 궁금하기도 하다 (유고의 검사와 대화하던 중 내가 부족한 영어 실력을 변명도 할 겸 해서 우리나라에서는 국제적 사건을 다룰 일이 거의 없어서 영어를 쓸 기회가 적다는 얘기를 했더니 그는 그러한 사정을 좀체로 이해하지 못했다.).

그 기회에 다닌 곳이 이탈리아의 로마·피렌체·밀라노·베네치아·나폴리·소렌토·폼페이, 영국의 런던과 윈저성, 프랑스의 파리와 베르사유 궁전, 독일의 뮌헨·함부르크·하이델베르크·쾰른·라인강변, 스위스의 인터라켄과 융프라우요흐·루체른, 네덜란드의 암스테르담·로테르담·위트레흐트, 베네룩스 3국 등이다.

내 감탄을 자아낸 것은 그들의 유적이라기보다는 합리적 생활 습성과 친절함이었다. 낯선 사람에게 적개심을 보이기는커녕 늘 웃고 고맙다는 말을 달고 사는 점, 차보다 사람이 우선이라는 점(보행자 신호가 빨간 불일 때도 사람들이 예사로 길을 건너는 것이 놀라웠는데, 그들은 신호등이란 차로부터 사람을 보호하기 위한 시설이라고 보는 듯했다.) 국경 통과가 간편한 점, 자전거 길이 잘 갖춰진 점 등이 인상적이었다.

우리는 라면을 많이 가지고 가서 자주 끓여 먹기도 했지만, 나는 여행 중 딱딱한 빵 속에 야채와 햄을 넣어 먹는 식사가 편리하고 맛있어서 한식에 대한 욕구를 별로 느낄 수 없었다.

또 한 가지 유럽에서 실감한 것은 일본의 높은 위상이었다. 우리말로 된 관광안내서는 거의 없어서 딱 한 군데 하이델베르크의 학생 감옥에서 본 듯한 정도였으나 일본어로 된 것은 빠짐없이 있었다. 특히 융프라우요흐의 산꼭대기에 세워진 관광용 건물이 일본인 소유라는 데 적이 놀랐다. 유럽인들이 보기에 일본은 결코 무시할 수 없는 존재이고, 일본 덕에 아시아인 모두가 무시당하지 않는다는 인상을 받았다.

집시 어린이들이 떼 지어 신문을 들고 달려들기에 얼떨떨했는데 내 지갑을 훔치기 위한 것이었으며, 지나가던 이탈리아 군인이 쫓아 주어서 간신히 위기를 면한 일이 여행 중의 거의 유일한 나쁜 기억이다.

재판연구관은 공노비

재판연구관이란 부장판사로 승진하기 직전에 대법원에서 대법관의 재판 업무를 보조하는 직책이다. 대법관이 판결할 상고사건에서 사실관계와 주장을 정리하여 쟁점을 추려낸 다음 관련 판례를 찾아내고 자신의 결론을 제시하는 업무를 담당한다.

재판연구관의 특징은 대법관 업무를 내부적으로 보좌할 뿐 자신의 이름은 외부에 드러나지 않는다는 데 있다. 그런 특징을 들어 재판연구관은 공노비라는 풍자적인, 어쩌면 자조적인 별칭으로 불리기도 했다.

재판연구관에 대한 의존도는 대법관에 따라 차이가 커서, 판결문 작성에까지 연구관의 성과를 적잖이 원용하는 분도 있고, 거의 혼자서 업무를 처리하는 분도 있었다.

언제부터인가 대법관에는 검찰 출신이 한두 명씩 임명되었는데, 검찰 수뇌부 중 검찰 총수 발탁에는 빠졌으나 학구

적인 점이 인정되는 사람이 선택되게 마련이었다. 검찰 출신 대법관은 형사 분야에만 종사한 결과 아무래도 상고 사건의 많은 비중을 차지하는 민사에는 어려움을 겪게 마련이어서 연구관에 의존하는 경향이 있었다. 심지어 안씨 성의 어느 연구관은 '안 대법관'으로 불리기도 했다.

재판연구관은 대법관에 전속된 전속연구관, 세무·행정·특허 등 전문 분야의 사건에 관하여 대법관 전원을 보좌하는 공동연구관으로 나뉘는데, 나는 6개월간은 공동연구관으로, 다음 6개월간은 이재성 대법관에게 전속된 연구관으로 근무했다. 당시 수석연구관이라 하여 고등법원 부장판사 중 연구관과 대법관 사이의 고리 역할을 하면서 연구관을 총괄하는 직책이 있었는데, 초대 수석연구관으로 서정우 부장판사가 초인적인 업무 수행을 하였다.

고향에 가다

1991년 3월의 정기인사에서 나는 전주지방법원 부장판사로 발령받았다.

법원의 부장판사가 되었다는 것은 법원의 중견 인력이 되었음을 뜻한다. 법원의 사건은 그 경중에 따라 단독판사와 합의부가 담당하게 되는데 합의부의 재판장이 바로 부장판사로서, 소송의 전 과정을 지휘하고 자신의 책임 아래 판결을 내리는 무거운 책임과 권한을 부여받게 된다. 판사 생활 15년 만에 부장이 된 나도 재판부의 지휘자 역할을 잘 수행하겠다는 의욕을 가지고 전주로 부임했다.

내가 전주로 부임함을 기뻐한 이유는 더 있었다. 하나는 부모님과 살 수 있게 된 것이고, 다른 하나는 나의 성장지인 전주에 중견 법관이 되어 돌아왔다는 것이었다. 부모님 곁을 떠난 지 20년 만에 다시 함께 생활하게 된 것은 어린 시절로 돌아간 듯한 즐거움을 주었다. 고향에서 봉사할 기회를 얻은 것 또한 큰 기쁨이 아닐 수 없었다.

물론 어떤 사람들은 판사 생활을 시종 일관 고향에서 하여 '향판'이라 불리며 요즘에는 고향을 지켰다는 점을 높이 사서인지 이들을 인사에서 우대하기도 한다. 그러나 나는 이전에 전주에서 근무할 여건이 아니었고, 부장판사가 되기 전에 고향에서 근무하기를 꺼리기도 했다. 고향에서 일하게 되면 아무래도 아는 사람들이 사건 관계인이 되어 사건에 관한 부탁을 할 경우가 많을 것이고, 그런 경우의 처신이 쉽지 않기 때문이다.

판사로서 사건에 관한 부탁을 받아 보지 않은 사람은 아마도 없을 터이다. 대부분의 부탁은 기록을 잘 살펴 주기 바란다는 정도의 것이어서 별 부담 없이, 또 부탁받았다는 것을 염두에 둘 필요도 없이 업무 처리를 하면 그만이지만, 형사 사건에 관하여 선처를 바라는 경우에는 상당한 부담감을 느끼게 마련이다. 다행히 부탁이 없었더라도 선처를 했을 만한 사건이라면 홀가분하게 사건을 처리할 수 있고 고맙다는 인사까지 덤으로 얻게 되나, 무겁게 처벌해야 할 사건인 경우 공연히 미안함을 느껴야 하고 부탁을 한 사람이 판사를 헐뜯는 경우까지 생긴다.

그런데 합의부라면 구성원의 합의에 따라야 하기에 부장

판사든 누구든 한 사람의 의견만으로 결론을 내릴 수는 없다는 변명이 가능하므로 고향에서 근무하더라도 방패막이가 있는 셈이다.

그러나 이러한 변명을 누구나 납득하는 것은 아니고 또 부탁받는 것 자체가 성가신 일이므로 그런 데 구애받지 말자고 스스로 마음을 다잡았다. 변호사들 또한 고등학교 선후배가 다수이니 변호사에 따라 사건의 결론이 좌우되어서는 안된다는 원칙을 되새기며 살아야 했다.

아무튼 부모님 댁에서 살면서 친척과 친구를 다시 만나고, 퇴근 후에는 뒷산의 숲속을 산책하고 전주의 음식을 맛볼 수 있어서 유쾌하였다. 어머니는 아들이 판사로 돌아온 데 대하여 보람과 자랑스러움을 느끼셨고, 나는 그러한 어머니를 볼 수 있어서 좋았다.

나는 짐승을 죽였어요

이 당시 다룬 사건 중 기억에 남는 것이 세칭 '김부남 사건'이다.

초등학교 때 어른에게 성폭행을 당한 김부남은 공부 잘하고 내성적인 여자 아이여서 그 사실을 아무에게도 말하지 않았다. 그러나 성폭행의 기억은 마음 깊이 상처로 남아서 결혼 후 원만한 부부생활에 장애가 되었다. 부산에서 사는 김부남은 고향인 전북에 찾아와 가해자에게 사과와 손해배상을 요구했으나 가해자는 가해 사실을 시인조차 하지 않았다. 이에 김부남은 가해자가 세상에서 없어져야 한다고 생각하고 칼을 준비하여 살해했다.

　이상이 사건의 줄거리다.

　이 사건은 성폭력이 피해자에게 씻을 수 없는 상처를 주어 일생을 파멸시킨다는 점, 그 피해 의식은 세월이 아무리 지나도 씻기지 않는다는 점을 뚜렷하게 보여준 상징적인 사건으로 전 국민의 관심을 끌었고, 여성 인권 신장에 관심을 가진 사람들이 성폭력 처벌 강화를 위해 법개정 운동을 벌이는 계기가 되었다.

　전북에서는 박상희 목사가 중심이 되어 김부남 여인을 돕는 모임이 결성되고, 서울에서 최영희 성폭력상담소장, 야당 부총재이던 박영숙 의원 등이 내려와 담당 재판장인 내게 무죄판결을 촉구하기도 했다.

　법정에서 김부남은 매우 섬약한 여인으로 보였다. 사건 이후 심신이 쇠잔한 상태에 이른 것 같았으며, 신문에 답변하는 목소리도 너무 작아서 알아듣기 어려웠다. 신문을 마칠 무렵 재판장인 내가 더 할 말이 있느냐고 묻자 "나는 짐승을 죽였어요."라고 가느다란 목소리로 대답했다. 그 목소리는 작았으나 자신의 범행 동기를 설명하는 우렁찬 신념의 표현이어서, 이 사건의 성격을 짧고도 분명하게 나타내는 어구로 인용되었다.

변호인과 여성단체에서는 정당방위 이론을 적용하여 무죄 선고를 원했으나 우리 재판부는 이론상 무죄는 무리라고 판단했다. 그렇다고 실형을 선고할 사안은 아니어서 집행유예로 판결했다. 덧붙여서 피고인에게 치료감호를 선고하여 공주치료감호소에서 정신치료를 받게 했다.

당시 그는 성폭력으로 인한 충격 때문에 정신 질환이 생긴 상태였으므로 치료가 필요하다는 점에는 의견이 일치했다. 다만 박상희 목사 등 후원회에선 자신들이 비용을 모아 전주 예수병원에서 치료하겠다는 의견을 제시했는데, 당시 생긴 지 얼마 안 된 공주치료감호소는 적절한 치료를 위한 인적·물적 시설이 잘 갖추어져 있어 믿을 만했고(나는 김부남 피고인의 정신감정을 위하여 공주치료감호소에 직접 가 보았다.) 민간단체의 후원이 얼마나 지속될지 보장할 수 없었으므로 치료감호가 적절하다고 판단했다. 실제로 김부남 피고인은 치료가 잘 되어 가정으로 돌아갔다고 했다.

아무튼 판결 선고를 할 때 기자 등이 법정을 가득 메울 정도로 전 국민의 이목이 쏠린 가운데 신중하게 내린 결론은 고등법원과 대법원에서 그대로 유지되었다.

당시 문화방송에서 재판 과정을 촬영케 해 달라고 요청하기에 피고인의 정서적 불안을 이유로 불허했으나 몰래카메라식으로 촬영하여 방송한 일, 내가 피고인을 치료할 방법에 대하여 후원회 측과 의견을 나눌 때 공주치료감호소를 가 봤다는 최덕식 변호사가 그 시설의 우수함을 역설하면서 나를 돕던 일 등이 기억난다(최덕식 변호사는 아쉽게도 눈병으로 요절했다.).

불온도 이적도 아니다

내가 부임하고 보니 대학생 시위 사건을 심리하기 위하여 토요일마다 특별기일로 지정되었고, 그것도 4개월 정도의 구금 기간이 지난 상태에서였다. 시위 사건은 피고인의 숫자가 많은 데다 피고인과 방청객들이 법정을 소란하게 하므로 다른 사건과 함께 진행할 수 없어 부득이 특별기일을 정하여 재판을 진행한 것이다. 그러나 구금 기간이 4개월을 넘어서야 재판을 한 것은 종전 재판장의 소신 또는 고집 때문이었다.

우리 형사소송법상 1심 재판은 구속 상태로 6개월을 넘을 수 없도록 규정되어 있다. 보통은 구속된 지 1개월쯤 되었을 때 첫 재판이 열린다. 그런데 종전 재판장은 학생들이 재판을 진행하기 어렵게 만들 정도로 소란 피우는 것을 싫어한 나머지 기를 꺾으려는 의도에서 4개월 정도 구속한 채 재판을 일부러 열지 않았다는 것이다.

나는 즉시 업무 처리 방침을 바꾸어 시위 사건도 다른 사건처럼 신속하게 재판을 진행했다. 앞서의 방식에는 학생 시위를 못마땅하게 보는 시각이 깔려 있다고 하겠는데, 그렇다고 학생들이 일반인보다 불리한 처우를 받을 이유는 없었다. 도리어 나는 학생 시위 자체는 국가를 위한 희생으로 생각했고, 따라서 실정법을 위배했을 때 처벌하는 것이 불가피하더라도 그 형은 최대한 가볍게 해야 한다고 판단했다. 그래서 화염병을 던진 행위에 대하여 집행유예를 선고했다.

그리고 많은 사건에서 이른바 불온 서적의 소지 행위를 반국가단체를 이롭게 할 목적으로 한 것이라며 국가보안법으로 기소했으나 나는 모조리 무죄를 선고했다. 당시 학생들이 사회주의 이론에 관한 책을 소지하는 것이 국가보안법에 위배되느냐가 문제됐다. 쟁점은 그 책의 소지로 북한을 이롭게 한다는 목적을 가져야 하느냐, 아니면 그러한 목적이 없어도 이적행위로 볼 수 있느냐 하는 점이었는데, 대법원은 목적이 꼭 필요한 것은 아니라는 식으로 판시함으로써 처벌의 폭을 넓히는 견해를 나타냈다.

그러나 내 생각은 달랐다. 학생들이 공산주의와 사회주의에 관한 책을 읽는 목적은 그 실체를 파악함에 있고, 따라서 그런 행위는 학문의 자유에 의하여 보장되어야 한다. 뿐만 아니라 우리가 채택하고 있는 자본주의 체제가 효율적이어서 지키고 발전시켜야 한다면, 그와 대립 혹은 경쟁 관계에 있는 다른 체제에 대한 정확한 이해가 선행해야 하며 각각의 장단점을 제대로 이해해야 한다. 그렇다면 사회과학 서적을 읽는 일은 권장하고 칭찬할 일일지언정 금지할 일은 아니며 처벌할 일은 더욱 아니다.

나는 경제를 잘 모르지만 학생들이 북한의 공산주의를 채택하자고 주장하는 것은 아니라고 보았고, 북한의 독재 체제를 선호하는 것 또한 아니었다. 학생 시위의 가장 큰 이유는 우리의 정권이 독재와 부패의 정권이기 때문이었다. 그런 의미에서 북한을 이롭게 하는 주범은 학생들이 아니라 전두환·노태우 등의 독재정권 자체였다.

박정희 때부터 군사 쿠데타에 의하여 세워진 독재정권은 전두환·노태우에 이르기까지 30년 지속됐다. 국민이 원치 않음에도 자신들의 욕구를 채우기 위하여 통치권을 행사한 그들이 부패할 것임은 너무나 뻔했다. 국민의 저항을 꺾기 위하여 온갖 억압 수단을 동원하느라 사회는 깊게 왜곡된 채 피 흘리고 있었다. 그런 가운데서도 배운 대로 행동하는 학생들이 있었기에 뒤늦게나마 군사독재가 숨을 거두게 된 것이리라.

하지만 내가 재판을 하면서 학생들의 행동 중 동의할 수 없었던 것이 두 가지 있다.

첫째는 북한의 독재정권을 추앙하는 듯한 일부의 행동이었다. 북한의 정권에 민족주의적인 점이 있다고는 해도 독재정권이라는 점에서 남한의 군사독재와 다를 바가 없으니, 아무리 우리 정권에 대한 반감이 그렇게 표출되었다고는 하나 북한 정권을 미화하는 태도는 이해할 수 없었다. 내 견해로는 남북한 양쪽에 똑같이 없어져야 할 독재정권이 도사리고 있었다.

또 하나는 학생들의 법정 태도였다. 법정에는 재판받는 학생들을 격려하러 온 동료들이 가득 찼었는데, 재판이 시작되면 피고인들은 방청석을 향하여 주장을 펼치거나 구호를 외치고 방청객들은 환호하면서 박수를 침으로써 재판정이 시위 현장처럼 시끌벅적해지는 것이었다.

나는 인내심을 가지고 학생들에게 충고했다. 여러분이 비판하는 사람들이 저지르는 잘못을 여러분 스스로 저지르면 안 된다, 독재란 상대를 존중하지 않는 태도를 말하는데 정당한 재판을 받기를 원한다면 여러분이 먼저 재판부를 무시하는 행동을 자제해야 할 것이라는 취지의 말이었다. 학생들이 내 말을 금방 수용할 리는 만무했으나, 시위 사건을 대하는 내 태도를 학생들이 차츰 알게 되고 판결 결과가 알려짐에 따라 순순히 재판을 받게 되었다.

학생들이 종전에 보인 태도는 사실 법원이 자초했다고 할 수 있다. '정찰제 판결'이라고 조롱당할 정도로 천편일률적인 중형이 선고되고, 그 판결에 중앙정보부가 개입한다는 말까지 있었으니 학생들에게 법원을 존중하기를 바라는 것이 차라리 무리였다.

시위 사건의 특징은 피고인들이 범행을 부인하지 않는다는 점이다. 자신들의 행위를 정당하다고 자부하는 양심범일진대 당연할 것이다. 이것은 범행을 시인하는 법이 거의 없는 소매치기범이나 조직폭력배와 대비되고, 생각할수록 음미할 만한 점이 있다.

단 한 번 시위 학생이 범행을 부인한 적이 있다. 이미 시위 사건으로 집행유예 중이어서 실형이 불가피해졌기 때문이라고 짐작됐다. 문제는 검찰의 입증이었는데 보강증거가 시위 현장의 사진이었고, 따라서 그 사진을 찍은 사람을 증인으로 신청할 수밖에 없었다. 검찰은 증인을 출석시키겠다고 했으나 이내 포기해 피고인은 증거 부족으로 무죄 선고를 받았다. 검찰이 사건의 입증을 포기한 이유는, 그 증인이 나오게 되면 신분이 드러나므로 앞으로 사진 촬영에 지장이 초래될 것이기 때문이었다. 다른 시위 학생들도 범행을 부인했더라면 무죄 선고를 받았을지 모른다.

내가 전주에 근무하는 동안 학생 시위 사건의 변호는 모조리 양상열 변호사가 국선변호인 자격으로 맡았다. 그분이 대학생의 대변인 겸 보호자가 된 경위는 알 수 없었지만, 그러한 객관적 사실만으로도 공로를 인정받을 만했다. 그는 성실하게 임무를 수행했으며 재판부를 신뢰하도록 피고인들을 설득하려고 애썼다. 그런 공적 때문인지는 몰라도 후일 민선 전주시장을 지냈고, 아들이 기업을 잇는 등 가정적으로도 다복했다.

박홍 신부의 신념

나는 전주에서 수원으로 갔다가 서울북부지원을 거쳐 서울지방법원에서 근무한 뒤 법관 생활 22년을 마쳤다.

애초부터 나는 서울에 온 다음 적당한 시기에 개업할 생각을 가지고 있었다. 법원에 계속 있으려면 고등법원 부장판사(행정부로 치면 차관급)로 승진해야 하며, 지방법원 부장판사의 반 정도가 고등법원 부장판사로 올라간다. 한데 나 스스로 판사 생활에 진력이 나 있었으니 고등법원 부장판사로 뽑히기는 어려울 것이며, 그럴 의사도 없었다. 승진 결정에는 외국 유학과 법원행정처 근무 경력, 기타 법관으로서의 능력과 태도가 참작된다고 알려졌는데, 능력과 태도의 구체적 기준이 무엇인지는 불분명해도 내가 높이 평가받기는 어렵다고 생각했다.

예상대로 나는 승진자 명단에서 빠졌고, 자연스레 법원에서 떠날 때가 되었음을 알았다.

서울지방법원에서 다룬 사건 중 기록할 만한 것 하나만 얘기하겠다.

　박홍 신부는 노조운동의 배후에 북한이 있다는 충격적 발언을 하더니 그 근거를 전혀 제시 못해 다시 한 번 충격을 준 인물이다. 북한의 후원으로 노조운동을 했다면 노조원들은 공산당원이 될 수밖에 없다. 그러니 입당 절차를 거친 적 없는 노조원들이 박홍 신부를 상대로 해 명예훼손으로 인한 위자료를 청구했고, 그 사건을 우리가 담당했다.

　원고들은 박홍 신부가 한림대학교에서 있은 강좌에서 문제의 발언을 했다고 주장했다. 나는 박 신부가 발언의 정당성을 주장하리라 예상했으나 뜻밖에도 그런 말을 한 적이 없다고 답변하는 것이었다. 그래서 강연을 취재해 기사를 썼던 중앙일보 기자가 증인으로 채택되었고, 그 밖의 여러 증거들이 그러한 발언이 있었음을 밝혀 주었다.

　내 기억으로는 박 신부가 여러 군데서 반복한 그 같은 말이 박 신부의 신념으로 인식되었으며 여러 비판에도 불구하고(그는 원래는 정반대의 견해를 가졌다고 알려져 있었다.) 신념을 굽히지 않은 것으로 알고 있다. 그랬던 그가 위자료 청구에 놀라선지 강연 사실 자체를 부인함은 당당하지 못해 보였다.

이제 위자료를 얼마로 정하느냐는 문제만 남았는데, 위자료의 산정이야말로 어렵다. 위자료란 피해자가 불법행위로 인하여 입은 정신적 고통을 위자하기에 충분한 돈을 뜻하므로 정신적 고통의 정도를 측정한 다음 이를 돈으로 환산하는 2중의 절차를 거쳐야 한다. 둘 다 얼마나 막연하고 어려운 작업인가.

판결문에는 항용 위자료 산정을 위하여 참작할 사항으로 가해자 및 피해자의 학력, 직업, 재산, 불법행위의 경위와 결과를 들고 있지만 이를 어떻게 참작하여 위자료를 산정하느냐는 법관의 재량에 맡겨져 있고, 대체로 법원의 관행적 기준을 적용하는 도리밖에 없다.

이를테면 교통사고 시 사망에 대한 위자료는 5천만 원이고 상해에 대한 위자료는 그 정도에 따라 얼마라고 하는 식인데, 문제는 그 액수가 선진국에 비하여 형편 없이 낮다는 데 있다. 나라의 경제력과 문화의 차이를 감안하더라도, 위자료를 적게만 인정함은 정신적 가치를 경시하는 후진성을 보여주는 것이므로 고쳐야 하지 않을까 한다.

각설하고, 박 신부 사건의 불법행위란 무고한 사람을 빨갱이라고 매도한 일이었다. 우리나라의 정서상 그런 매도를 받은 사람의 정신적 고통은 결코 낮게 볼 성질의 것이 아니다.

당시 한국통신노조와 그 조합 간부들은 1인당 1천만 원씩 합계 7천만 원을 청구했는데, 나는 청구액이 오히려 적은 것 아닌가 하여 청구를 모두 인용(認容)하는 판결을 했다.

그러자 박홍 신부를 응원하는 우익 단체들이 판결을 비난하면서 판결금을 대신 모아서 박 신부에게 주자는 운동이 벌어졌다는 기사가 크게 보도됐다(궁극적으로는 피해자인 노조원들을 도와주는 것이 아니었을까.). 어떤 단체는 재판부로 협박성 편지를 보내기도 했다.

나는 사법부의 독립을 해치는 이런 행위들은 묵과할 수 없다고 생각하여 우선 법원장을 방문해 경위를 설명하고 대책을 의논하려 했다. 그런데 뜻밖에도 법원장은 '인용을 해도 어지간히 할 일이지 왜 청구 금액을 전부 인용하여 말썽을 일으켰느냐.'는 투로 오히려 재판부를 나무라는 것이었다. 내가 왜 법원장을 만나려 했던가 후회스러울 정도로 어이없는 반응이었다.

그 뒤 연수원 동기인 남부지청 검사로부터 전화가 왔다. 위에서 말했듯 어느 단체가 재판부에 협박 편지를 보낸 것을 노조에서 알고 그들을 고발했는데, 피해자인 재판부 명의로 처벌을 원치 않는다는 문서를 보내주면 좋겠다는 것이었다. 그런 고소 사실은 피해자가 원하지 않으면 처벌할 수 없는 반의사불벌죄이므로 사건을 간단히 종결할 수 있다는 취지였다. 나는 처벌을 원치 않는다는 뜻을 표시할 생각이 없었을 뿐 아니라 고발인의 의사를 무시할 수 없어 검사의 요청을 완곡히 거절했다. 재판부를 협박하는 행위는 반사회적 범죄이므로 검찰이 적극적으로 처벌해야 옳을 터인데 무마하려 드는 의도를 이해하기 어려웠다.

위 판결의 인용금액은 항소심에서 절반 이하로 줄었다고 기억된다.

고통대행업자가 되다

1998년 2월에 변호사 사무실을 열었다.

변호사란 이를테면 개인사업자인데 평생 처음으로 혼자 사업을 하자니 두렵지 않을 수 없었다. 그래서 나와 동시에 법원에서 퇴직한 연수원 동기 전민기 변호사와 공동 사무실을 열게 되었다.

법원에 있을 때 동업 관계가 파탄되어 생기는 소송을 많이 보았는데, 역시 동업은 쉬운 일이 아니었다. 사고 방식이 다른 사람들이 이해관계가 따르는 일을 함께 하다 보니 마찰이 생겼고, 1년간 서로 정신적 도움을 준 것으로 만족하고 따로 사무실을 차렸다.

변호사는 자유업이다. 내가 무슨 사건을 맡든, 수임료를 얼마 받든, 출근을 하든 말든 모두 자유다. 그러나 변호사를 언제까지나 하는 것도 아니고 사건도 점점 줄어들 터이니 얼른 기반을 닦아야 한다는 조바심 때문에 부자유스러웠다.

따지고 보면 사업이란 어느 정도 시간이 가야 번성함이 이치에 맞는다. 사업에 필요한 인적 관계를 맺고 경험을 쌓으며 신용을 얻어서 명성이 높아지려면 시간이 필요할 테니 말이다. 한데 변호사는 우리의 실정상 정반대다. 개업 초라야 전관예우의 효력을 바라는 의뢰인들이 몰리며, 새로운 전관이 등장하면 낡은 전관의 의뢰인이 끊긴다. 전관예우의 효력이 유지되는 기간도 점점 짧아진다.

나는 민사합의부 부장판사를 지냈기 때문에 전관 자격자가 아니었고(일반인들은 퇴임 전 형사재판을 담당한 사람에게 전관예우 효과를 기대하는 것이 보통이다.), 개업 초가 공교롭게 IMF 시절이라 사업적으로 성공한 편은 못 되었다. 그러나 법관의 질곡에서 풀려난 것은 대단히 만족스럽고 행복한 일이었다.

내가 변호사를 하면서 세운 지침은 '보통사람이 되자' 이다. 여기서 파생되는 지침이 '돈 버는 일에 집착하지 말자'와 '정당한 사건만 수임하자' 이다. 변호사라면 돈 잘 버는 사람으로 알려져 선망과 질시의 대상이 되는데, 나는 그런 평가를 받지 않고 살고 싶다. '변호사는 나쁜 이웃' 이라는 속담이 있으나, 나는 변호사 중에 좋은 이웃도 있더라는 말을 듣고 싶다.

물론 변호사 중에는 사회정의를 위하여 자기를 희생하는 사람도 있고, 그렇게까지는 아니더라도 사회봉사를 하는 훌륭한 사람이 많다. 전자로는 과거에 민주화 투쟁에 참여하여 감옥에까지 간 사람들이 있고, 후자로는 노동운동, 사회운동, 환경운동은 물론 국선변호에 열심인 사람들이 있다. 나는 그런 적극성은 없으나 변호사 고유 업무를 하면서 변호사의 본분을 지키는 데 힘쓰고 싶다(내가 퇴직할 무렵 동아일보 기자가 찾아와서 장래 계획을 묻기에 별것이 없다 했고 지금도 마찬가지인데, 기자는 아마 사법파동을 일으킨 사람이면 무슨 사회 활동의 포부가 있지 않을까 기대했다가 내 대답에 실망했을 듯하다.).

내가 싫어하는 변호사의 행태는 신문 1면에 개업 인사 형식의 광고를 내는 것, 하나같이 검은색 고급 승용차를 타고 다니는 것 따위다. 변호사를 싫어하게 만드는 행위라고 생각한다.

실은 나도 1면 광고를 냈으나, 신문사가 비싼 광고료를 받기 위하여 1면 개업 광고를 부추긴다는 사정을 깨닫게 됐다. 그 광고는 별 소용도 없는 것이, 광고를 보고 변호사를 선택하는 사례는 거의 없기 때문이다.

자동차는 원칙을 지켜서 흰색 중형차를 타고 다녔다. 지나고 보니 다른 변호사들이 검은 에쿠스를 타는 것도 이해할 수 있었다. 상실감 때문이었다. 관직에서 물러나면 주위의 평가가 대번에 떨어지고 자신도 초라하게 느껴지므로 허전함을 메우려는 보상심리에서 관직에 있는 동료가 타지 못하는 대형차를 사게 되는 듯하다.

당신이 한 일이 무어요

변호사는 돈 받는 만큼의 괴로움을 각오해야 한다. 수임료를 많이 줄수록 사건 진행을 잘 해 달라는 압박을 자주, 심하게 하며 결과가 나쁘면 거세게 항의한다. 예컨대 돈을 많이 준 구속 피고인의 가족은 언제 석방되는지를 거의 매일 물어 오므로 변호사는 누구의 전화라는 말만 들어도 마음이 무거워진다.

나는 수임료를 그리 많이 받지 않았고 비교적 그 호소가 정당하다고 생각되는 사건을 가려 맡았으므로 별다른 괴로움을 겪지 않으리라 생각했지만, 그게 아니었다. 사건마다 거의 예외 없이 결과가 기대에 못 미치면 내가 소송 수행을 잘못 해서 그렇게 됐다고 몰아붙였고, 수임료의 전부 또는 일부를 돌려 달라고 요구하기도 했다.

어떤 이들은 큰소리로 변호사가 부당함을 외치므로 변호사들이 소란을 가라앉히려고 돈을 돌려주는 경우가 있고, 따라서 막무가내로 떼를 쓰면 돈을 받을 수 있다고 믿는 사람들이 꽤 있다. 돈도 돈이지만 변호사님만 믿는다면서 아낌없이 신뢰를 보내던 의뢰인의 표변한 모습을 보는 것은 괴로운 일이었으며, 나의 잘못을 추궁하면서 모욕적인 말까지 서슴지 않는 의뢰인 때문에 엉엉 울어 버린 적도 있었다.

놀라운 점은, 결과가 나쁠 때 변호사에게 항의하는 양상은 의뢰인의 지식과 교양의 정도와는 무관해 보인다는 사실이다. 교수나 변호사라 해서 다를 바가 없었다. 특히 그들이 항의할 때 흔히 뱉는 "당신이 한 일이 무어요?"라는 말은 상대의 능력 자체를 무가치한 것으로 폄하하는 말이어서, 이러면서도 변호사를 계속해야 하나 하는 생각이 들 정도다. 그럴 때마다 세상 직업 중에 고충 없는 게 있겠는가, 사업가들이 흔히 당하는 연쇄부도는 더한 고통이 아니겠는가 하고 자위하는 도리밖에 없다.

그러니 어쩌다 가벼운 항의에 그치거나, 아예 아무 소리도 하지 않는 의뢰인은 고맙기 짝이 없고 훌륭해 보인다. 내가 그 정도이니 사건이 많기로 유명하던 수원 어느 변호사가 사무실 문짝을 매주 새로 달 수밖에 더 있었겠는가.

내가 시를 읽고 쓰기 시작한 것도 괴로움을 잊기 위한 방편인지 모르겠다. 매일 시집을 읽으려 노력하고, 누구 표현대로 고시 공부 하듯 시 공부를 한다. 그러나 시가 그렇게 한다고 잘 써지는 것이겠는가. 또 내 직업 자체가 논리를 추구하고 이치를 따지는 일이니 논리를 넘어서야 하는 시와는 어울리지 않는다. 그래서인지 소설 쓰는 법률가는 가끔 있어도 시 쓰는 법률가는 드문 듯하다.

시 공부에 빠지고 보니 예전에 소설이니 여행기, 전기 등 예전에 즐겨 읽던 책들과는 멀어졌다. 요즘은 틈나는 때 내 책상 옆의 간이침대에 누워 시를 읽는다. 이런 좋은 시간이 있으므로 변호사를 계속하는 것이라고 믿는다.

나는 매사에 쉽게 싫증을 느끼곤 하는데 벌써 변호사가 싫어지기 시작한다. 앞으로 10년을 넘기지 못할 것 같다.

쓰고 나서

나는 어느 편이냐 하면 자신을 드러내기를 그다지 즐기지 않는 축에 속한다. 그래서 전에는 책을 쓴다는 것을 생각조차 하지 않았다. 모든 책에는 어떤 형태로든 필자가 각인되기 때문이다.

그러다 나이 들어 시를 공부하면서 시집을 한 권 내고 싶다는 욕망을 가지게 되었다. 하지만 시집을 내려면 시가 60편 정도는 되어야 할 텐데, 전에 쓴 시를 다시 보면 치졸하기 그지없어 시집 묶기는 일단 훗날로 미뤘다.

그 과정에서 드러내기에 대한 생각이 상당히 바뀐 것 같다. 따지고 보면 시란 자기 존재의 깊은 우물에서 길어 내는 글이라 할 수 있으니 말이다. 시에 대한 열망이 드러내기의 망설임을 극복하게 만들어 이 글들을 쓸 수 있게 했다 할까.

이 책은 참회록이나 고백록이 아니므로 모든 일을 미주알고주알 까발리지는 못했다. 특히 나의 잘못은 잘 나타나 있지 않다. 그러면서도 남의 잘못은 적지 않게 드러냈으니, 그분들의 명예에 흠이 될까 두렵기도 하다. 과거를 그대로 보여주어서 반성의 기회를 가지자는 뜻이니 넓은 마음으로 헤아려 주시기를 빈다.

특히 돌아가신 아버님을 비난하듯 쓴 부분은 대단히 송구스러운 일이나, 예전의 많은 아버지들의 일면을 그대로 기록한 데에 가치가 있다고 보아 주셨으면 좋겠다.

내가 살아가는 가장 큰 이유인 내 아내와 수정, 원진에게 사랑한다고 말해야겠다. 이 책이 읽을 만한 것이 되었다면 책을 만든 모멘토 출판사의 덕분이라는 말도 빼놓을 수 없다.

피고인에게 술을 먹여라
ⓒ 서태영 2007

초판 1 쇄 : 2007년 2월 1일
초판 발행: 2007년 2월 9일

지은이 : 서태영

펴낸이 : 박경애
펴낸곳 : 모멘토
등록일자 : 2002년 5월 23일
등록번호 : 제1-3053호
주소 : 서울시 마포구 공덕동 242-85   2층
전화 : 711-7024, 711-7043
팩스 : 711-7036
E-mail : momentobook@yahoo.co.kr

저자와의 협의에 따라 인지는 생략합니다.

ISBN 978-89-91136-14-4   03300

잘못된 책은 구입하신 곳에서 바꿔드립니다.